# 麦肯锡&波士顿
## 解决问题方法和创造价值技巧

【日】名和高司 ——— 著　　田中景 ——— 译

コンサルを超える 問題解決と
価値創造の全技法

浙江人民出版社

**图书在版编目（CIP）数据**

麦肯锡&波士顿解决问题方法和创造价值技巧 /（日）名和高司著；田中景译. — 杭州：浙江人民出版社，2020. 5（2022. 5重印）

ISBN 978-7-213-09667-9

Ⅰ. ①麦… Ⅱ. ①名… ②田… Ⅲ. ①企业管理 Ⅳ. ①F272

中国版本图书馆CIP数据核字（2020）第034725号

浙江省版权局
著作权合同登记章
图字：11-2019-175号



**麦肯锡&波士顿解决问题方法和创造价值技巧**

［日］名和高司 著　田中景 译

出版发行：浙江人民出版社（杭州市体育场路 347 号　邮编：310006）
市场部电话：（0571）85061682　85176516
责任编辑：潘玉凤　何英娇
营销编辑：陈雯怡　陈芊如
责任校对：陈　春
责任印务：刘彭年
封面设计：新艺书文化有限公司
电脑制版：北京唐人佳悦文化传播有限公司
印　　刷：杭州丰源印刷有限公司
开　　本：710 毫米 ×1000 毫米　1/16　　印　　张：20.5
字　　数：220 千字　　插　　页：1
版　　次：2020 年 5 月第 1 版　　印　　次：2022 年 5 月第 3 次印刷
书　　号：ISBN 978-7-213-09667-9
定　　价：68.00元

# 序 言

Preface

进入 21 世纪以来，关于事业发展方面的书籍如雨后春笋般涌现，而且很多都已成为畅销书。其中最先问世的是照屋华子等人撰写的《逻辑思考》（日本东洋经济新报社，2001 年），随后出版的是内田和成撰写的《假设思考》（日本东洋经济新报社，2006 年）、渡边健介撰写的《世界最易懂的解决问题的授课》（日本钻石社，2007 年）等。当时，商界人士都将如今已经成为常识的各种各样的“方法”“思考方法”当成新鲜事物，并且近乎狂热地追逐。这一热潮直到今天仍未降温。

刚才列举的《逻辑思考》的作者照屋与《世界最易懂的解决问题的授课》的作者渡边，都是从麦肯锡公司（McKinsey & Company，下文简称“麦肯锡”）“毕业”的；《假设思考》的作者内田曾经担任波士顿咨询公司（The Boston Consulting Group，

BCG，下文简称“波士顿”）日本子公司的负责人。

MBA[①]所学习的商务技巧类书籍的撰写者，大多出身于以麦肯锡、波士顿为代表的外资咨询公司。

我本人曾在麦肯锡工作近20年（后面的近10年担任业务主管），在波士顿担任高级顾问6年。因此，在本书中，对如上所述为数众多的、以各种各样的形式流传于世的麦肯锡和波士顿的“方法”及存在于其中的思考方法，从基础理论到实际应用，我将和盘托出。

与此同时，我还想阐述一下目前咨询的局限性和对未来咨询的展望，并为读者介绍一下超越咨询的思考方法和表达方式。

对两家咨询公司做比较后，我发现，它们在解决问题的分析方法和触及问题本质的方法方面有着惊人的相似。但是，在客户管理上，也就是在打动对方的做法上，它们各有千秋。具体内容将在第1章中阐述。简而言之，波士顿采取的方法是促使客户自己把问题的症结逐一解开，麦肯锡采取的方法是设定一个无论由谁来做都会得出相同答案的固定套路。

因为做法完全不同，所以，被麦肯锡的套路绑定的人都认为麦肯锡的做法好，被波士顿的套路绑定的人都认为波士顿的做法好。在两家公司都工作过的咨询顾问极其罕见，更别说在两家公司都担任过重要职务的人了。如今，我是唯一的“见证者”，这也是我决定撰写本书的理由。

① MBA（Master of Business Administration）：经营学硕士，也称工商管理硕士。1881年成立的美国沃顿商学院是世界上第一家商学院。1908年设立的哈佛商学院为现在的MBA课程奠定了基础。

## 从“解决问题的承包人”到“发现问题的承包人”

话又说回来，咨询是指什么呢？咨询顾问究竟都干些什么呢？我们可以将咨询定义为“解决问题的承包人”，被咨询的时候都是在客户发生了问题的时候，在各项业务都进展顺利的时候，客户是不会上门找你咨询的，就像人们只有在自己觉得得了病后才会去看医生一样。医生的工作就是查清病人患病的原因，并给出治疗方法，然后指导病人恢复健康，总而言之，就是帮助病人解除病痛，重回健康状态。对企业来说，咨询就相当于让企业重生，企业经营回到正轨后，咨询工作就宣告结束了。

虽说如此，在我看来，病人从病痛中恢复过来后怎样才能度过接下来的快乐人生，企业步入正轨后怎样才能实施更加强有力的企业战略才是最重要的。也就是说，咨询过后还能有多大发展空间，应该是咨询顾问与客户一起进行深入思考的重点之一。所以说，咨询顾问还应是**“发现机会承包人”“最大限度活用机会承包人”“成长承包人”“创造价值承包人”**。

令人遗憾的是，咨询顾问至今也没有跨出“解决问题承包人”这一领域。但咨询顾问要想发展下去，必须要成为“发现机会承包人”。

### 本书的结构

本书由“咨询的基本方法”“超一流咨询的绝技”“超越咨

询”三部分构成。

在第一部分，我用8章的篇幅总结了“问题解决能力”“构建假设能力”“影响力”“建构力”等经常作为管理类书籍标题出现的咨询的基本方法，即有关**“解决问题承包人”**的内容。在这部分中，我会首次公开与一桥商学院的MBA课程并列的EMBA（高级管理人员MBA）课程的讲义资料。

现在的咨询都是以这些基本方法为中心的，但仅限于此的话，早晚会被人工智能（AI）取代，就连Pepper①也都能做其中相当大的一部分工作。

在解决问题的过程中，有时会意识到每个企业都隐藏着各种各样不易被发现的真正的问题。怎样去解决这些问题，正是Pepper君无法实现的。因此，紧接着的第二部分就是应用篇。

同时，这也是朝着**“发现机会承包人”**进发的时刻，也是我年轻时从我的老师大前研一先生那里学习到的大部分知识。

在第三部分，我会阐述，如何活学活用在第一、第二部分学到的方法；个人及企业掌握咨询这一武器的目的究竟是什么，也就是说，个人活着的目的、企业存在的理由究竟是什么。

面对那些开展社会性事业的人，我也建议其将咨询的方法运用到解决社会性课题中去。实际上，拥有麦肯锡工作经验的创业者，成立有别于传统非营利组织（NPO）②、又有一定经济实力的

---

① Pepper：情绪识别人形机器人，世界首款安装了“情绪引擎”和“云端服务器”的情绪识别机器人。它由软银机器人（软银的子公司）等经销，可用来辅助事业开展，正在被越来越多的公司采用。

② 非营利组织（non-profit organization，NPO）：开展各种各样的社会活动，是不以分配收益为目的的团体的总称。

企业，将麦肯锡的咨询方法用到为社会做贡献上，取得成功的人如今也并不少。美国年轻一代的优秀人才创办社会性企业正在成为主流。

在第四次产业革命①的今天，只有紧跟时代变化、持续变革的企业才能生存。这就对个人提出了更高的要求。咨询公司在试错的同时，形成的思考方法、工作方法，理应能够在各种各样的场合发挥作用。

今后想要做咨询的人自不必说，正在考虑采用咨询方法的企业、公共团体的管理干部、普通商界人士，以及大部分始终没能实现盈利的公司创业者，都应该拿出时间读读本书。

如果本书能有助于读者个人及其所在组织的成长，甚至能为日本产业界的发展做出一点贡献的话，我将感到万分荣幸。

名和高司

（日本一桥大学研究生院国际企业战略研究系教授）

① 第四次产业革命：伴随着人工智能（AI）的发展，由物联网（Internet of Things，IoT）所引发的产业结构的变化。它是继18世纪至19世纪以蒸汽机来获得动力的第一次、19世纪末至20世纪初以电力及发动机实现动力革新的第二次、20世纪后半叶以电子计算机实现自动化的第三次之后的产业革命。

# 目　录

Contents

## 第一部分　咨询的基本方法

第 1 章

### 问题解决能力

第 2 章

## 设定课题能力——论点思考



第 3 章

## 构建假设能力——假设思考

## 第三部分 超越咨询

第一部分

# 咨询的基本方法

在第一部分，首先从论点思考、假设思考、影响思考等咨询逻辑思考基础开始，再就商界人士间已经很熟悉的 MECE 分析、安索夫成长矩阵、波士顿矩阵、麦肯锡的 7S 等主要分析框架的咨询基本方法进行介绍。这些内容作为咨询公司解决问题的基本方法大全，能够为大家提供很多帮助。

但是，如果只有这些的话，因其已经在汗牛充栋的同类书籍中写得很清楚了，就没有必要再特意撰写本书了。实际上，如果套用理论来使用基本方法的话，就连 AI 也能够做到。问题是，很多咨询顾问都只是在套用这些方法的理论。

因此，本部分在介绍基本方法的同时，将对基本方法的局限性，以及超越其局限性的使用方法予以阐述。

第 1 章

# 问题解决能力

## “在商学院学不到”的知识原点

在序言中，对咨询顾问给出了基本上是“解决问题的承包人”的定义。那么，所谓“解决问题”指的是什么？为什么它作为方法被确立起来了？首先就从这里开始介绍吧。

大家知道吗，最初在商学院是不教“解决问题”的。据说，在斯坦福商学院，有教授批判性思考和逻辑思考的内容。但是，学会了这些知识未必就能解决问题，因为那些知识仅是停留在理论层面而已。

**可以说，“解决问题”是综合性的艺术。**只学习构成它的一两项技术，是不能让人像专家一样处理问题的。它也不属于学术领域，而属于综合性学科领域。所以，“解决问题”本来就不是列在以调查、分析、研究见长的研究生院的教学计划里的。

**“解决问题”，与其学究式地解决，不如在实践中解决。**但是，商学院基本上都是学者教学的地方，让那些只知道学术知识的学者应对实际的业务课题及解决企业的现实问题，压根儿就是不对头的。

他们会把问题搞得越发混乱、越发困难，反而更解决不了实际问题。在符合其学说的情况下，他们也许还能够快刀斩乱麻把问题解决掉。但是，几乎所有问题都是各种复杂因素相互缠绕，很难用学说进行完美解释的。即使很勉强地套用某个学说，也不能正确地解决问题。也就是说，**学者本来就不是教人们如何解决问题的。**

在哈佛等欧美一流商学院，并不是没有像迈克尔·波特[①]那样可以褪去伪装、更接近咨询顾问的教授。但即使是像他们那样的教授，也仍然难以摆脱将自己的理论强加于人、对不符合自己理论的就予以排斥的倾向。

另外，在商学院，也不具备随机应变将各种知识有机组合起来运用的条件。

无论是营销，还是融资，只要从某个切入点进入，该领域的专家就会掌握与之相应的方法论。但是，**实际问题并没有贴着“营销”或“融资”的标签。**如果某个问题涵盖融资、营销、创新、领导力等领域的内容，就必须把这些领域的教授集中起来，大家一起来解决，那么就会像当时东芝面对的问题那样，虽然并不太难但也无法解决。顺便说一下东芝。实际上，当时东芝的咨询委员会委员中就有经营学的专家，在这些专家中，也有头脑灵活的人，但是仍然不顶用。

① 迈克尔·波特（Michael E.Porter，1947—　）：美国哈佛商学院的大学教授，自 1980 年出版其代表性著作《竞争战略》以来，一直是经营战略理论最前沿的经营学权威学者。作为竞争优势学派的领军人物，他首倡了“五力”分析及价值链理论等多个竞争战略。

## 咨询新手第一课：一周解决问题集中讲座

在很多情况下，问题都不是所贴标签那么简单。如前所述，解决问题，可以说是综合性的艺术，它利用所有方法，**从各种角度展开逻辑思考，并超越逻辑**。

也就是说，要看到问题全貌取其均衡，**这就需要具备某种直觉和感性来完成**。对此，我从现在开始详细阐述。

虽说现实问题并不是仅靠通常解决问题的逻辑和技巧就能解决的，但这绝对不是说不需要掌握解决问题的逻辑和技巧。

通常解决问题方法的局限性，在于它解决的只是通常性问题。它虽然不是充分条件，但也是必要条件。如果你连这些都不知道，实在对不起，我们根本无话可谈。

因此，无论是在麦肯锡还是在波士顿，新人首先都会被灌输基本的解决问题方法。本书的第一部分，也想向各位读者灌输这些基本的解决问题方法。

在我任教的一桥商学院，为期一周的解决问题集中讲座开设了两个学年。在本书的这部分，我将这个集中讲座内容首次公开出版。

这个集中讲座开设了两个学年，对商学院来说，这是划时代的；对学生来说，这是非常宝贵的学习机会。不过，耗时两年才学完，这是为什么呢？

教授们和学生们对此有截然相反的看法，可分为认可基本方法的重要性和无须耗费如此长时间两个极端。认可者大都是想从事咨询、想自己创业、喜欢自己思考、自己下功夫的人；不赞成者的理由是，“并非给出一个正确答案，没有老师在教我们那种感觉”。实际上，不赞成者占多数。

但是，**现实中的商务课题并非只有一个正确答案**。进而言之，那些技巧本身也并非一周时间就可以迅速运用自如的。没有经验的积累，达不到亲身实践的次数，是无法做到灵活运用的。

实际上，关于解决问题的讲座还有后续事情发生。当时对这一讲座没有给予良好评价的学生们，从商学院毕业进入社会后，大都发回了这样的反馈：“在一桥商学院学到的知识中，对自己最有帮助的还是解决问题的讲座。当初对没有答案表示了不满，到现在才明白，掌握找到答案的方法论方能有效运用。”还有不少学生对讲座不开设了表示遗憾。因此，一桥商学院决定在2017年开始的EMBA课程里再次开设解决问题的讲座。

实际上，对那些想要站在第一阶层上的人、想要成为高级管理者的人来说，解决问题是必修科目。不过，在此要重申的是，在这里担任教官传授知识的必须是具有丰富咨询工作经验的人，或者是身经百战的企业经营者，只是一门心思埋头在学术领域的老师恐怕难以胜任。因为这是要靠解决问题的次数来说话的，是必须有丰富的实战经验才能玩得转的职业。

## “解决问题”的两大要素：分析能力和建构能力

上文阐述了解决问题是综合艺术，需要具备各种各样的因素和能力。大体上可分为**“分析能力”**和**“建构能力”**。

对问题予以透彻分析乃是解决问题的重要因素之一。**对整体看来难以解决的课题，通过逐项因素分解，就能接近问题的本质**。要发现病根（问题的本质），就要对病因进行仔细解剖。对因素分解很不擅长、被整个问题困扰的人，是难以接近问题的本质的。

咨询所用到的解决问题的基本方法具有令人意想不到的共同之处。MECE 分析、逻辑树、5Why 分析法等，基本来看都是同样的。对于这些，从下一章开始再逐一介绍。

但是，这种“分析”只是把问题解决了一半。把问题的状况弄清楚了，如果不知道问题的处理方法，不能在实际上把问题消除掉，就等于问题还没有解决。**只是从逻辑上证明问题就在那里，并不等于解决了问题**。

实际上，企业的问题与生物体上的问题一样，在大多数情况下，我们不能像做外科手术那样把出现问题的地方切除掉即可，各种各样的情况错综复杂地相互交织纠缠在一起，若把某个部位切除，整体很可能就会倒塌。或者说，一直认为的问题，并不是真正的问题，还存在着产生问题的根本性问题，而且根本性问题很快就会再次产生其他问题。

总之，**与其认为都是一件事情惹下的麻烦，不如认为是由于多种原因导致的、且难以解决。**

那么，该怎么办呢？这时候“建构能力”就变得很重要。一旦弄清了问题的本质，要想解决问题，下面不同的“故事情节”就显得越发重要了。

## 心理比真理重要

通过分析，能够将组织存在的问题予以某种程度的明确，也就确定了该问题的解决方法。从这里开始也就进入了最为重要的落实阶段，“落实比战略更重要”。那么，在落实阶段最大的障碍是什么呢？

这就与人相关了。**明确问题之所在属于AI也能胜任的“自然科学”领域，而随之而来的落实就是属于“心理学”领域了。**这到底是怎么回事呢？我简单解释一下。

要想开展实践，大家必须做到人心齐，泰山移，千方百计地解决问题。但是，如果想要改变什么的话，必定会有人因为觉得自己所做的事情被否定而出来反对。实际上，肯定会有既得利益受到侵犯的人，也就是所谓的抵抗势力。

即使没有这么严重，人基本上都是厌恶变化的，正如2017

年诺贝尔经济学奖得主理查德·塞勒教授[①]等人所说的维持现状偏见。[②]既有从正面表示反对的人，也有在背地里给反对派出谋划策的人，还有消极怠工的人……抵抗的方法各种各样。

虽然问题弄清楚了，但是要想解决它，就必须进入另外的“故事情节”了。

与医治人体疾病一样，企业要解决问题也要看此问题与周围“细胞”的关联度，必须在照顾整体平衡的同时，像中医那样采取办法调理“全身”。**全体成员齐心合力，都抱有打破现状的意愿，是达到这一目的必不可少的“故事情节”。**

把什么症结以什么样的顺序解除，把谁以什么样的角色牵扯进来等，这些精心构思的“建构能力”非常重要。而且，在其中用到的心理学远比逻辑学更重要。

为什么是这样呢？这是因为，必须要创造出这样做绝对会朝着更好的方向迈进的某种“相信我”的氛围。不能只靠逻辑推理，更应该**打动每个人的心，诉诸情感，赋予其动机。**如果不这样做的话，虽然不会导致多么严重的后果，但不可能做到大家劲儿往一块儿使。如果不能达到一条心的话，就无法解决问题。

这并非只是咨询顾问才做的事情，而是科学家、商界人士都

---

① 理查德·塞勒（Richard Thaler，1945— ）：美国芝加哥大学教授，作为行为经济学的理论家拥有享誉国际的研究成果，他还编写了《塞勒教授的行为经济学入门》（*The Winner's Curse*）等多部面向普通读者的启蒙读物。2017年诺贝尔经济学奖得主。

② 维持现状偏见（StatusQuo Bias）：理查德·塞勒教授的专业领域，即行为金融学（将人的非理性心理应用于经济学领域的学问）所具有的特征之一。具有这一偏见的人会认为改变现状带来的损失要大于如果改变现状或许会得到的利益。

要做的事情。假如仅靠逻辑来打动人、来解决问题的话，如前所述的 AI 就可以做到了。**把正确的结论光是在那里大肆宣扬是不会得到什么结果的。**

最近，一些商学院出现了“通用管理”这样一个奇怪的学科，从领导力到资金管理都有涉及，似乎想要寻求综合性的解决办法，但它作为一门学问能否实现不禁让人产生怀疑。

**实际上，从逻辑里得出的答案并非只有一个。既然不能百分之百地预测未来，答案就会有多个。**

**在此最为重要的，并不是得出最正确的答案，而是要让当事者相信答案并且落实该答案。**

**无论多么正确的答案，如果当事者都认为做不到，那就只能陷在那里了。即使是一条曲折的道路，也只有让当事者坚信这样走下去就一定会到达目的地，他们才能向前迈进。**

当事者就是身在现场的人。新的道路就从他们脚下延伸开来。

## 注重事实依据的麦肯锡和注重心理学的波士顿

只要说起两大战略咨询公司，大家都知道就是指麦肯锡和波士顿。下面对这两家公司做详细比较。

**麦肯锡的特点是注重事实依据。**按照预先确定好的框架收集事实①，即使是新来员工，也能够据此开展正确分析并从中得出答

① 事实（fact）：构成逻辑的数据及具体事例。

案。麦肯锡已经确立了如此卓有成效的程序，在此基础上，做一个项目只需 3 个月就能拿出答案。

在麦肯锡，由资深的业务主管和多名年轻的咨询顾问组成团队开展咨询，因人而异的资质差别很小。**“注重事实，每个项目 3 个月，调查、分析、拿出战略对策，项目完成”**是麦肯锡推出的固定菜单。

问题在于，本来**是综合性艺术的“解决问题”却往往以纸上谈兵而收场**。不仅是新来员工，就连那些资深业务主管，也由于缺乏经营实践及实用的科学知识而过于依赖分析。这样下去，在不久的将来，他们就要在 AI 面前败下阵来。

作为麦肯锡日本公司总裁，大前研一先生在日本推广真正的咨询时，并没有出现这种情况，因为他并不只是分析师。咨询业务不断走向专业化，就像如今这样，将“解决问题”等同于“逻辑思考”，那么最为重要的地方就被遗漏了。

在我看来，**本来只是解决问题的前提的逻辑思考，如今已经变成了解决问题的全部**。

堀紘一担任总裁的波士顿日本公司，采取了与麦肯锡完全不同的“艺术风格”。**一个项目花费 3 年才完成也是非常正常的**。负责项目的咨询顾问深入客户企业内部，亲身探索解决问题的路径，**与员工一起在试错的同时向前迈进**。

在这一过程中，客户企业的员工耐心地等待着自己发现的问题被解决。波士顿采取的正是这样一种做法。而麦肯锡采取的是，仅用 3 个月的时间就给出对策，然后交由企业自己去落实。可见，两家公司的做法大不相同。

## 分析课题和明确问题的方法没有差别

那么，两家公司“没有差别的本质”是什么呢？那就是**挖掘出企业的“真正课题”之所在，这决定着咨询前半部分的胜负。**

在此将咨询的秘诀之一做一披露。在明确真正的问题时，**咨询是站在如下假设的基础上展开的：当初客户企业前来咨询解决的问题并不是企业要解决的真正的问题。**

凭我本人的经验，几乎百分之百都是这样。

例如，前来委托做咨询的客户企业老板自身就是企业最大的问题，这种情况绝非少见。在这种情况下，如何才能接近隐藏在表面问题下的深层本质问题，就要看咨询顾问的本事了。

因此，不要急于给出客户委托解决的问题的答案，而要**反复思考“真正的问题究竟是什么”**。“如今将要解开的理应不是真正的问题”，如此反复思考才能迫近真正的问题。这就是麦肯锡和波士顿共同存在的咨询的本质。

## 最初就给出答案的麦肯锡风格和客户自己发现答案的波士顿风格

那么，两家公司的区别是什么呢？那就是前文已阐述的“心理学”部分。

找到了接近本质的真正的问题，如果解答正确，就容易得出问题已经解决了一大半的结论。不过，如果该客户企业不能从心底认可那个解答“的确如此”，那么就根本谈不上已经解决了问题。

针对得到认可的结果，整个公司形成一个能够整体落实的解决方案，问题才算得到了解决。因此，**如何引导客户采纳给出的答案极其重要，这就属于“心理学”领域的问题了。**

那么，两家公司分别是如何引导的呢？

麦肯锡是最初就给出答案，即使离问题解决还有漫长且曲折的道路要走，它也会将全部的谜底一举揭开。**将本质的问题用逻辑来展示**。那个本质的问题即使是涉及企业老板自身的问题，例如“老板没有决断能力”，麦肯锡也会按照逻辑传达给对方。

这样一来，正如各位猜测的，对方几乎是不会诚挚接受的。有时候答案越正确，越会招致对方反对，出现“你们所说的的确是正确的，但也不想让你们这些没有经营经验的、乳臭未干的毛孩子说出来”的局面。这样一来，好不容易花费金钱和时间为解决问题提出的战略也会因得不到落实而不了了之。

与麦肯锡的做法相反，波士顿采取的做法是**最初并不向对方揭示答案，而是巧妙地引导对方自己找到答案**。反正是要花上3年时间与客户一起走完那段路程，还有时间。因此，**分析结果的报告/建议都采用对方容易接受的方式表达**。这样就容易把对方引导过来。

因为波士顿熟知，如果对方不被引导过来，自己所提建议就绝对不会得到落实。实际上，随着对方不断表现出想要做事的意思，最终就能够将其引导到正确的方向。

不过，这会让客户认为是自己发现解决办法的，因此对咨询顾问的能力会产生质疑。还会有人对这种稍微有些拐弯抹角如同猜谜般的做法感到焦虑，忍不住喊出“结论是什么快说出来”这样的话。

就像这样，将客户的本质问题进行逻辑分析在两家公司都是相同的，但是在“组装”其解决对策部分所采用的方法方面，两家公司却存在巨大差异。如果问哪家公司更加巧妙地活用了“心理学”，很明显还是波士顿更胜一筹。

不过，在这里所讲的波士顿，是指由堀紘一先生创建的波士顿日本公司，并非全世界所有的波士顿都是这样的。美国自不必说，拓展到全世界的其他波士顿子公司，都与麦肯锡一样，采取的是头重脚轻的方法，而非像波士顿日本公司那样开展触及人情世故微妙之处的咨询。这是日本独有的，可以说是咨询的加拉帕戈斯（所以在波士顿日本公司工作的人，大都一直待在日本，因为这种方法在海外国家并不通用）。

那么，假如你是企业的经营者，你会选择哪家公司为你的公司做咨询？

对于波士顿的批评主要在于，为客户量身定做的解决问题方法，不能充分挖掘出客户的潜能。的确如此，如果不能对客户不断提高要求和水准的话，客户很可能就在解决问题的途中爬坡爬到 70% 的程度就停止不前了。

那么，在最初就设定一个很高目标的麦肯锡的做法就好吗？

虽说情况的确如此，但给出的解决对策的一成都没有落实就完事的情况也并不少见。这种目睹的现实，不禁也让人对其做法产生怀疑。

不过，在创新速度如此迅猛的今天，人们或许就连波士顿那样轻松愉快的 3 年都难以等待。或许可以说，你面对的是**用 3 个月完成一成还是用 3 年完成七成**的选择。

关于两家公司的区别，在后面的章节还会详细阐述。

## 本章总结

- 解决问题是综合性的艺术。
- 被认为是问题的只不过是表象，并非本质性的问题。
- 要想解决问题，分析能力加上建构能力是关键。
- 不仅要有迫近真理的逻辑推理能力，更要有迫近心理的洞察力。
- 答案并非只有一个，落实之后才会探索到真正的答案。
- 注重事实依据的麦肯锡风格与注重心理学的波士顿风格。对于采用咨询方案的企业来说，必须做出如下选择：究竟是花费 3 个月达到一成还是花费 3 年达到七成。

第 2 章

# 设定课题能力——论点思考

## “设定课题”乃胜败的分水岭

以麦肯锡为首的咨询公司在解决问题时通常都要按照如下顺序进行（如图 2-1 所示）。

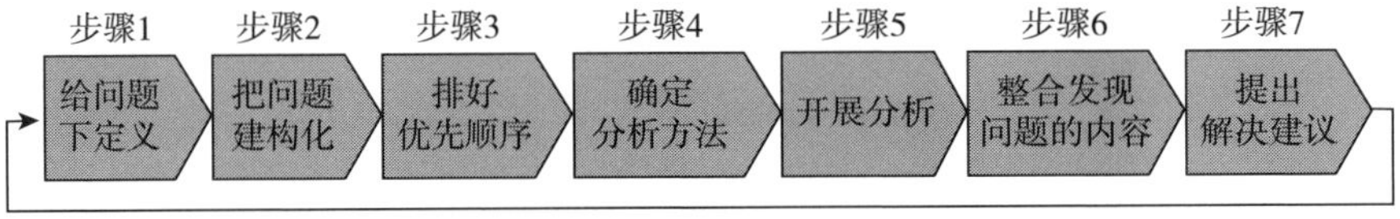


图 2-1　解决问题的七个步骤

其中，最重要的是**“给问题下定义”**和**“把问题建构化”**两个步骤。

也就是说，结果如何要看能否**很清楚地看透什么才是本质性的问题这一“设定课题”能力**。如果这两个步骤顺利开展了，**就相当于在解决问题上一半的工作完成了。**

这看起来是理所当然的事情，但是对一直抱有考试心态的人来说，做好最初这两个步骤显得非常困难。因为他们已经习惯了解答问题，却不习惯自己设定问题。

但是，假如最初的设定课题搞不好，那么在随后的落实过程中，无论干什么都不得要领，无法迫近问题的本质。最初的 50%

如果进展不顺的话，那么想要用后面的 50% 弥补回来，这是根本不可能的事情。所以说，最初的两个步骤是非常重要的。

## 硬币的背面没有答案

用咨询专业用语来说，解决问题容易陷入的套路就是“掷币”，仅给客户“把硬币翻过来”这样一个不值钱的答案。

例如，客户向咨询公司提出的问题是“如何解决如今出版界及我们公司的退货率居高不下”，咨询公司给出的答案是“把退货率降下来吧”。这样做只不过是把硬币翻过来了而已，没有开展任何洞察，不会起到任何作用。销售额下降、退货率上升等都只是现象，客户想要知道的是引发这一现象的本质性问题。

容易陷入的误区是，把罗列的 50 个这样的“现象”像打仓鼠一样依次击打，当作解决问题的方法。其实，在还没有弄清本质性问题的情况下，即使那样做，也不可能取得实质性进展。

## 找到窒息点

那么，应该怎么办呢？

首先，要清楚作为现象的问题的结构。看清结构就会明白从哪里着手才好。具体来说，就是把有因果关系的“现象”用圆环连接起来，并探寻问题的真正症结（本质）所在。

用咨询专业术语来说，那个症结部分就是“choke point”（窒息点）。choke 在英语中的意思是使其窒息，是格斗技术用语，指绞住脖子（颈部）的绞杀技（在拳击比赛中属于犯规，在柔道中则是得分高的决斗技巧）。所谓窒息点就是指绞住对方的脖子。

脖子被绞住的话，人就无法动弹了，所以，必须先解开绞住脖子的东西。尽管如此，由于脖子被绞住，会产生末梢神经障碍等肉眼看不到的症状，人们就总是急于想处理这些症状。结果就会是，终究什么也没有得到解决。

绞住脖子的东西究竟是什么呢？把“那个东西”拿走就会活过来了。“那个东西”是什么呢？找到那个窒息点正是咨询顾问要做的工作，也是咨询顾问的拿手好戏。

拿刚才出版业的情况为例，说不定原本就很勉强的企业发展方向就是窒息点。明明还不具备实力，猛然就以一年内要达到200% 的增长率为目标，这就是窒息点。这种情况下的解决办法，就是延长时间轴，把有实力的成员连同其团队整个收编，采取这种办法也许就能解决问题。

# “从议题开始吧”

只要找到窒息点，也就看清了本质性问题，那么此后的“处方”就容易理解了。这与刚才所讲的只要能够设定正确的课题，问题就解决了一半是同样的道理。从实际付出的工作量来看，在这个地方的付出即使没有50%，也要花费相当长的时间。

在近20年的麦肯锡工作经历中，我遇到的解决问题能力最突出的咨询顾问之一就是安宅和人①。他是《从议题开始吧》这部畅销书的作者，现今成了知名度很高的数据科学家。他在麦肯锡担任实习生教官的时候，每周5个工作日中要拿出两个工作日作为“设定课题”时间。

“问题的本质是什么？”

“它呈现什么样的结构？”

整整两天时间，几乎以一种闭门不出的状态，只顾围绕着上述问题反复讨论。

有时他会这样问道：“不收集事实依据可以吗？首先到现场看看怎么样？”

接着就听到了如下疑问：“科学家都是抛弃成见，从实际现

---

① 安宅和人（1968— ）：在进入麦肯锡咨询公司工作4年半之后，进入耶鲁大学攻读脑神经科学课程，毕业之后回到麦肯锡从事客户营销工作。2008年秋进入雅虎，现在担任首席战略官（CSO）。著作有《从议题开始吧》等。

象中去发现问题的。这难道不是科学的做法吗？”

但是，这样回答并不正确。看待问题时保持虚心、诚恳的态度，这虽然听起来并不错，但实际上过于想看清各种各样的问题，就会落到搞不清楚什么才是问题的本质的结局。

**本来科学家都必须在持有假设的基础上观察现象**。一下子就指出“这就是问题的本质”，然后瞄准其射击，用那种“有色眼镜”看待现象。这时，碰巧也会有一发子弹击中目标，但通常情况下都不会击中要害。硬是歪曲现象的是那些政治家或官僚，**科学家都是重新设定“假设”**，通过这种做法接近正确的假设。科学家们正是这样才有了一项又一项的大发现。

## 常在外面走会交好运，但是……

安宅先生依靠“常在外面走会交好运示意图”（参见图2-2），展示了这一通过确立假设追近本质性问题的做法。

画着“狗的路线”的虚线表示将焦点对准眼前的事物，从一端开始打探本质所在；用实线表示的做法是在某种程度上绞住窒息点，将焦点逐渐对准模糊不清的事物。

对于“狗的路线”，虽然眼前的事物看得很清楚，但是那些不是问题的事物太多了，让人眼花缭乱，反而看不清楚问题在哪里了。虽然也有早晚都会摸索到本质的可能性，但那仅是因为碰巧罢了。

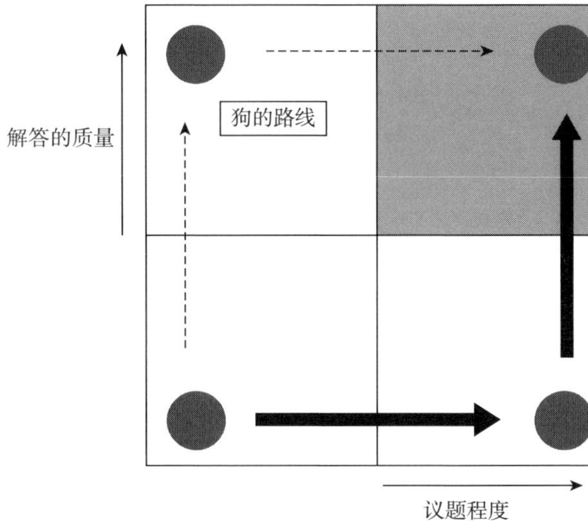


**图 2-2　从议题（给问题下的定义）开始吧**

- 所谓“议题程度”，是指迫近问题本质的程度。
- 所谓“解答的质量”，是指焦点对准模糊不清的事物（分辨率）的程度。

例如，生病了，不可能对身体的每个部位都做精密检查。从症状开始，带着假设查找原因（病源）。

解决问题也是同样道理，首先要根据“议题程度”，也就是关于问题的本质设定假设，然后彻底挖掘问题的症结所在，提高解答的质量。这样的做法与到现场东打探、西打探相比，效率高出很多，并且确实能够探索到问题的本质。

## 不要好高骛远

“狗的路线”的问题并不仅仅是效率低，还有更大的难点，那就是由于各种各样的事物太多，难以辨别本质是哪个。我们咨询界经常将其比作海中探宝。

假设在海底某处有财宝，如果是你，你会采用什么样的探宝方法呢？

最差的做法就是把海水煮干。用咨询专业术语表达就是**好高骛远**[①]。那样做的话，所有的东西都能看清楚了。好像是这么一个道理，但是，结果果真会是那样吗？

这种做法不只是花费太多的成本和时间。本来，把海底全部都看遍，光凭想象就知道那是一个令人头晕目眩、效率最差的方法。更糟糕的是，**所有不想看到的东西也全都看到了**。结果就很可能与刚到达海底时一样，错过了问题本质。

这时**常识性的方法就是最好的方法，即通过历史文献和信息，判断“大概就是这一带吧”，然后挖掘下去。**

也许有人会说：“这难道不是理所当然的吗？”事实上，想把所有可能都网罗下来之后再做出判断，或者对什么是问题都完全不清楚就赶到现场，把各种各样的信息都收集回来，等等，类似

① 好高骛远（Boil the Ocean）：想做不可能实现的事情，做超出自己能力的事情。

行动太多了。在这样的基础上，应该这样，应该那样，反复进行毫无结果的争论，这是经常看到的场景。

**问题不应该从所有的因素中去寻找，而应该从一开始就带着“难道不是这个吗”这一假设去寻找。**

**也就是说，“从议题开始”才是最重要的。**

## 怎样看透议题程度

那么，把议题程度这一横轴如何向右推进才能接近本质呢？实际情况并不像我们说的那么容易。这时候就要看咨询顾问的本领高低了，这是真心话。但是，如果这样说的话，就显得太露骨了，所以，最好加上一句，用后天获得的经验也是有可能做到的，它可以弥补先天的不足。实际也是如此。**通过不断练习解决问题，积累经验，就能逐渐抓住要领。**

说到解决问题，在这里提一下一个非常有名的练习题。

请想象一下，一栋只有一部电梯[①]的 10 层高的楼房，无论怎么摁按钮，电梯也不来，这时想要上下楼的人就会躁动不安。物业管理公司会接连不断地收到“还不赶快想点办法”的投诉。那么，如果是你的话，会怎么做呢？

“再增设一部电梯”的想法，首先在咨询公司那里就通不过。

---

① 电梯的故事：在罗素·艾可夫（Russell L.Ackoff，1919—　）所著的《解决问题的艺术》一书中阐述。

因为太不把成本和时间当回事了。“为了增进健康，劝导大家爬楼梯”的想法，算稍微动了点脑筋。不过，要爬超过 3 层的楼梯，也是很遭罪的事情。

最理想的答案是“在电梯前放置一面镜子”。如果那样做的话，等电梯的人正好可以整理一下仪表，等起来就不会觉得那么漫长而痛苦了。

初次听到这一谜底的人也许会有种上当的感觉：“这难道不是偷换问题吗？”那么，本来的“问题”是什么呢？

很多人都会把“等待时间过长”当作问题，琢磨缩短等待时间的办法。但是，如果能够把本来用于等待的时间充分活用的话，“等待的时间过长”就不再成为一个问题了。

**本质的问题不是“等待时间的长短”，而是“百无聊赖地等待”。**

这也并非偷换问题，而是不被问题的表象蒙蔽，迫近问题的本质。这就是所说的“从议题开始”。

## 瞄准空白区域

关于瞄准空白区域，与其说是问题，不如说是将来的机会更好。在这里再举一个例子，是史蒂夫·乔布斯非常喜欢的故事。

在冰球比赛中，谁抓住球，队友就会聚集到谁那里。曾经有位叫韦恩·格雷茨基（Wayne Gretzky）的著名选手，在比赛中，他总是朝着与大家完全相反、不合情理的方向跑。问他为什么，他说那个地方空着。手中拿球的选手要把球传给自己的队友，这个时候，在空着的地方等待就是上策。

果然不出所料，格雷茨基跑到哪里，球就跟到哪里，球会进入他所创造的空间里。

简单概括这个故事所要表达的意思，那就是，**带着具有某种可能的假设亲自开创“场地”，那里会成为下一个“真实”**。

这的确是史蒂夫·乔布斯非常喜欢的故事。大家都往众人聚集的地方集中，就会形成争夺局面。用竞争策略用语表达的话，那里就是浴血奋战的“**红海**”①。在什么也没有的地方自己打造出新的商机，就会独享胜果。这就是所说的“**蓝海**”②。

这样听来，人们理所当然地清楚自己应当采取的策略。但是，如果始终是纸上谈兵的话，就会出现连效率最差的方法都不采取的结果。因为那里现在什么都没有。去一个什么都没有的地方去做什么？！但是，如果想到接下来的行动，就会觉得那里将成为最大的商机所在。

**不要考虑那里有什么，而要考虑下一步有怎样的可能性**。这是史蒂夫·乔布斯最喜欢的话之一。

① 红海：竞争异常激烈的市场（红色的海，以血还血）。

② 蓝海：欧洲工商管理学院（INSEAD）的W. 钱·金（W. Chan Kim）教授等人撰写的《蓝海战略》一书提出的概念。与其在竞争异常激烈的市场（红海）奋力厮杀，不如去开拓不存在竞争的尚未开拓的领域（蓝色的海）。

## 问题本身就成为解决对策

据说，在史蒂夫·乔布斯身上拥有改变现实的力量。有些人认为平板电脑用起来不太方便，但是，到了史蒂夫·乔布斯手里，平板电脑就变成了非常好用的东西。于是，大家都争先恐后地用起来，结果平板电脑成了人们生活的一部分。这正是在新出现的空间里，他创造了新的真实。

通过分析，我们就能看清因大家都往球的周围聚集而造成的混乱局面。但是，此时并不能找出解决混乱的方法。

**进入混乱局面不是解决问题的方法**。想要解决问题，必须把球抛到不混乱的空间去。如果真正触及引发如今这种混乱局面的原因，那么这种局面本身就不存在了。这样的情况并不少见。

举个例子吧。例如，依靠遍及全国各个地方的销售店形成的投递建构支撑着的日本报纸行业。如今这一建构已经成了沉重负担。报纸的读者不断减少，在销售店系统中过去最不起眼的《日本经济新闻》如今却成了畅销货，这多少有点讽刺的意味。

销售店的建构即使像现在这样维持下去，从结果来看只不过是在拖延时间而已，走向消失只是一个时间早晚的问题，对此大家都已略有察觉。但是，为了报纸行业，销售店还得这样维持下去，不能把所有销售店都关掉，至少现在不能。

恰似在撞上冰川逐渐沉没的泰坦尼克号[①]上，人们还在说赶紧想办法重新排列客轮里的椅子。避开问题的本质，只是应对现象层面的问题，试图以此苟延残喘，这才是最要命的。

那么，该怎么办呢？

说起泰坦尼克号，实际上有让乘客幸存下来的办法，不知大家有没有想到？让客轮再靠近冰山一些，挨近之后，把乘客放到冰山上，然后等待救助。这比跳入大海之中的求生方法不知强上多少倍。**把冰山这一问题本身当作解决对策**，这完全属于思考方式的转换。

如此说来，对于报业如今能够采取的最佳办法，难道不是将现存的资源盘活用于支持接下来的事业吗？也就是把成为问题的销售店本身当作解决问题的对策。

## 问五回why

能够巧妙地设定问题，就知道了答案之所在。如果能够消除引发当前现象的真正原因，那么这个现象本身就不存在了。那该怎样做才能巧妙地设定课题呢？

有人相信常在外面走会交好运，所以毫无目标地四处探寻，

① 泰坦尼克号（TITANIC）：20 世纪初建造的豪华客轮。在处女航的 1912 年 4 月 14 日深夜，在北大西洋上与冰川相撞，至后半夜沉没。由莱昂纳多・迪卡普里奥（Leonardo DiCaprio）、凯特・温斯莱特（Kate Winslet）主演的《泰坦尼克号》于 1998 年荣获奥斯卡奖。

与其这样，不如“就是这里”，一边对准目标狙击，一边奔向没有人的场所。虽说如此，那些不同于史蒂夫·乔布斯的平凡人，即使喊着“就是这里”进行狙击，命中的概率也会非常低。结果，无论过多长时间也难以接近本质性问题。

在这里经常会用到5why 分析法，我将其称为“问五回 why”方法。它作为丰田公司改善局面的方法非常有名。在下面这个例子中，丰田公司就是用“问五回 why”来设定问题的。

某条生产线经常发生问题。大家带着各种各样的假设，一边反复“问五回 why”，一边探寻生产线发生故障的原因。于是，最后提出的问题是:“为什么当初要在这个地方设置这一工序？这条生产线没有了会怎么样呢？”

正如各位所猜测的那样，结果就是把那条生产线去掉了。

在解决生产线故障中，并非单纯地采取把椅子交替摆放那样的改善对策，而是要迫近问题的本质。这正是丰田公司的“问五回 why”的精髓所在。

## 追问“Why not yet”

假设已经问过五回“为什么”了，也已经接近了问题的本质。那么，**“问题是什么”**也就清楚了。**这个时候人们经常会犯的一个错误就是，“那么，把这个问题解决掉吧”**。这是典型的“硬币的反面”的做法。

大家应该这样想，**尽管这是本质性问题，但仍然搁置了（这么长时间），这里面肯定有与其相应的原因**，绝非那么容易就能解决的。

同样，作为课题的设立方法，经常犯的错误是，拿出“应该这样做”这一结论。“应该××”不能当作答案，只能给出“如果那样做了的话就好了”这一希望性的推测。**尽管知道应该做的理由超过 100 条，却依然没有那样做，这才是问题。**

**Why not yet？也就是说，必须知道“为什么还没有那样做”。**

**认真思考这个“为什么不”才是解决问题的要害的重点。**

## 用四段论方法解决问题

咨询师通过设立四个问题，然后逐一把问题解决掉。

首先是 what（**什么是问题**）。

其次是 why（**为什么它是个问题**）。

然后不是冷不丁地提出 how（**如何把问题解决掉**），而是思考 Why not yet（**为什么还没有那样做**）。

最后再问 how（**为了能够做到，应该怎么做才好**）。

为什么排在第三的 Why not yet 成了关键了呢？

如果使用通常的三段论方法来做的话，通常是这样的：

1. 有这样的问题。

2. 必须把它解开的理由是这样的。

3. 所以应该这样做。

这是容易懂的推理方法。但实际上，上面三个问题的答案，很多时候是人们一开始就很清楚的。所以不如说，虽然知道，但没能实现，这才是问题所在。

**为什么本来应该做的事情却没有做？这才是问题的本质。**

**看清了这一点之后，how 的答案也就显现了。**

我在帮助各种各样的企业解决问题的时候也用这个四段论方法。第一个要深究的地方仍然是 Why not yet 这部分。为什么如今还没能做到？这样一问，企业固有的毛病就找出来了。毛病改掉后，通常的应该如何如何的理论上的、教科书式的答案就明确了。

这就是 Why not yet 的力量。

## 把问题（威胁）转化为机会

就像在序言中阐述的那样，企业只有出现了问题才会向咨询师咨询。什么问题都没有的企业，压根儿就不会有雇人咨询的想法。因此，解决问题就成了咨询顾问的工作。但实际上，**只是解开问题，企业并不能达到健康状态**。摘除病灶只能暂且延长生存，因为这只算紧急避难，只有做到让企业比以往更加健康地活跃起来，才算解决了本质性问题。

也就是说，重要的是**把问题转化为成长机会**。就像把撞上泰坦尼克号的冰山当作生还的通道一样，从大家都说“这是问题”的事情入手，思考从那里进入的新的能做的事情。

并非所有咨询顾问都采取这一方法。在“企业重生专家”的麦肯锡，擅长设法让患病的企业好转的人是主流派。

我认为，**与消除问题相比，提示一条连接未来的新路**才更为重要。因此，在我担任麦肯锡人力资源部主管的时候，聘用的都不是解决问题型的人，而是创造机会型的人。具体内容将在第三部分介绍。可以提前透露一点的是，麦肯锡培育出了许多具有独创性的优秀人才。不过，他们中的大多数人在麦肯锡学到了解决问题的方法后，就迅速辞职了。因为他们确信，比起给创业者打工，自己创业对社会的贡献会更大。

的确，解决问题的方法对创投非常有用。发现社会上存在的本质性课题，把该课题变成机会，就能创造新的事业。即便把短期性问题暂且当作问题解决掉也是不错的，可以从中受到启发，发现下一步发展的机会点，这对课题的设定才是重要的。

当然，对如此重要的事情，有些公司并不请咨询公司帮忙，它们只希望能解决出现的问题就好。这样的客户为数也不少。但是，跌倒后也不能光是爬起来就行了，如果公司能够变得更加健康，客户理应会格外高兴。

我把它称为“十倍返还”。给出意外的答案，**把认为是问题的事情变成新的成长契机**，这才是咨询的真正价值之体现。

所以，也可以这样讲，**问题多的地方得到成长惠顾的机会也多**。因为有太多的事情要干。要干的事情太多，就不知道应该从哪里着手。问题仅此而已，只要能够找到解决问题的路径就可以了。

反过来说，**一帆风顺，什么问题也没有，这样的公司更危险**。因为已经没有改善的余地，再也找不到需要解决的课题，那就意味着今后只能步入下坡路。

再以丰田为例。丰田的员工如果被表扬的话会发怒（抱歉这样说有些失敬）。据他们解释，因为如果被表扬，意味着成长的余地就没有了，即使被说成是社会的榜样他们也不觉得高兴。不仅如此，他们还想找到自己的下一个榜样。持续挖掘自己做不了什么、为什么做不了，这正是丰田才能做到的成长方式。

我意识到这一点是在麦肯锡实施企业主要部门经理进行自评的时候。

当时觉得很有趣的是，每个公司的打分方法都有其各自的特征。有的公司自评 5 分的人很多，有的公司自评 3 分的人很多。在这些公司中，几乎全员自评 1 分的是丰田。评 5 分，意味着再没有成长的空间了。因为想要成长，所以自评 1 分，这便是丰田的思维模式。

思考怎样才能更好，把问题当作下一步成长的机会来看待。这真的是一件了不起的事。

**一边意识到将问题转变为成长的机会，一边设定课题**。这是成功的关键。进而言之，**要采用黑暗隧道的尽头便是光明的未来这一思维模式设定课题**。

不这样做的话，就不会有干劲，就不能把大家凝聚在一起。

**意识到下一步发展的出路，是设定课题时的另外一个视点。**

# “So what”和“天、雨、伞”

我们咨询师使用的“天、雨、伞”理论已经非常有名了，我想很多人都知道。

假设现在的天空阴云密布，这是一个既定事实。但是，在陈述关于“天”的观察结果时，“所以，要干什么（So What）”的问题会紧随而来。

在此稍稍加上推论，就有了“也许马上会下雨”这一预测。也就是说，从现在的现象出发，再进一步思考，得到的结论就是“雨”。即便这样，仍然没有回答“So What”。

那么，顺着这样的观察和预测，采取怎样的行动才好呢？这里有几个选项，“别出去”是其中之一，“如果要出去的话，带上伞”也是其中之一。这就是所说的“天、雨、伞”理论了。

经常出现的情形是，在展开充分分析后，撰写了仅仅阐述“天是阴的”这样一个理所当然的事实报告。没有进一步的推测，仅把事实原样转达当作工作，这在政府机关或大型公司里几乎是司空见惯的。

这样的提案不会带来任何行动。加入推论，并在推论的后面加上建议，这样做，提案才有了价值。

作为天气预报人员，做出“现在是阴天，下午将会下雨”这样的“预测”是其工作。但是，最近的天气预报播报员，还不忘加上“今天请不要忘记带伞”这样的建议。这是在切实践行“天、雨、伞”理论。

要想与实践结合起来，不要光说“天”和“雨”，还必须说到“伞”。所以咨询顾问有说“So what”的习惯。不过，为了大家自身着想，对家人、恋人还是不要这样说了。我曾有次不小心对家人说了“So what”，结果被冷战了一周。

## 本章总结

- 从问题本质（窒息点）的假设出发。
- 问五回 Why，深入挖掘问题的本质。
- 不是找到“应该做的事情”，看透 Why not yet 才是关键。
- 不是往有问题的地方集中，而是拓展解决方案的空间。
- 把问题转为机会，与下一个维度的可能性对接上。
- 在事实之上加上推论，在推论之后加上建议，这样的提案才有价值。

第 3 章

# 构建假设能力——假设思考

## 持有“Day1假说”

正如第 2 章反复阐述的那样，在解决问题时，设定课题非常重要。课题的设定，并不是从现象切入，而是设定诸如“这是这个公司的问题吧”“这家公司的病因是这个吧”“这才是本质的问题吧”这样的假说。对课题的设定，基本等同于对答案的所在进行设定。

那么，在少量的信息中，最初的假设应该怎样设定才好呢？

对于这一问题，咨询顾问们的答案是，要持有“Day1 假说”，也就是**在进入咨询的最初之日设定假设**。一边听着客户的陈述一边思考“这里有些奇怪”，然后逐渐追问下去。的确，就是采取可伦坡神探①那样的做法。

可能有人会觉得可伦坡神探的故事臆想严重，是个很不真实的故事。当然，随着分析的逐渐深入，经常会发现最初的假设是错的，或者发现了不同的问题等。这时要马上重新设定假设。这与自然科学研究的情况是相同的。

① 《神探可伦坡》(Columbo) 是从 1968 年开始连续 30 多年在美国播放的悬念型电视系列片。该系列片与以往的同类影片不同，刚开始的情节即是犯罪的场面，然后由主人公神探可伦坡破解。每一集都是由特邀明星出演身为社会名流的犯人，不起眼的中年男子可伦坡对其穷追猛打，以这样的情节来吸引观众。

# 怀疑定论

虽说过了几天之后就可能被替换掉，但假如“Day1 假说”过于偏离实际，或者过于司空见惯的话，就会使解决问题的过程非常迂回曲折。这样就会有损客户对咨询顾问的信任。最初能否**设定一个恍若真实的假设，**就要看咨询顾问的本领了。那么，应该怎么做呢？

在这里有几个诀窍，其中最管用的就是要成为具有怀疑精神的人。**与因表面层次的课题、问题而议论纷纷相反，要带着深深的疑问，**与被认为是问题的事情拉开一定距离，再回头眺望，这才是很好的办法。

对于企业方面吵嚷着“这就是课题的事情”首先就要怀疑，因为在大多数的情况下那都不是本质性问题。

因此，最初要说的应是“只要认为那是问题，本质性问题就无法解开”，并且提议“暂且隔开一段距离从远处眺望现状吧，然后重新梳理一下问题看看”。

例如，据说如今书店的书很难销售。书虽然不断被出版，但是卖不出去，所以很快就会被退货。退货率上升，出版社的经营就变得越发艰难。必须想办法解决这一“问题”。

那么，是流通渠道问题、价格问题、书店问题，还是书的内容问题？然后就开始击打仓鼠。但是，这些问题基本上都已经被人挖掘过了，本质性问题很可能在完全不同的地方。

要成为多疑之人，换句话说就是要**怀疑定论**。对**“世间通常都这样的”“必须是这样的”的定论要持怀疑态度。实际上，行业的常识就是世间的非常识。**

这也可以说是**转换视角**。**改变视角，暂且从零开始看正在做的事情，**就会发现存在着许多无用的过程。就像第 2 章所列举的丰田问题多发的生产线的例子，其真正的问题正是通过变换视角、审视全局才得以解决的。

## 从近焦到远焦

再换个说法，不要被认为是问题的地方束缚住。那样就像聚到冰球周围的平凡冰球选手，或许比作聚集到足球周围的少年足球选手更容易理解。

突然想要提高“答案的质量”的行为是致命的。那就迷失了问题的本质。这就是安宅先生所说的“狗的路线”的实例。

**要想导出敏锐度高的假设，不是用虫眼看，而是用鸟眼看**才有效。那样一来，就能拓展解决方案的空间。然后就会意识到，谁也没有注意到的空白区域里潜藏着本质性的答案。这正是冰球之神格雷茨基的绝技。

我把这个称为**从近焦思考转向远焦思考**。一味地把焦点放在被拍物体（现象）上的“镜头内”的做法，就会出现大量的盲点。**通过广角观察全貌的“镜头外”的做法才能发现此前被人们遗漏的本质。**就像是从高处迅速降落，瞄准谁都没有发现的猎物，成为像老鹰那样的猎手。

## 所谓不输给AI的构想是指什么

如果只是发现问题的话，还是AI更快。对于从大数据中发现规律及异常数值的速度，AI已经远超人类。AI依靠无数模型的积累，马上就会发现与一系列模型不相匹配的那个，然后通过对这个模型的认知，对其进行为什么会是这样的原因探究。

在咨询领域，业界人士都认为，如果能够解开3000道问题的话，此后对于大多数问题就能够拥有既视感①。不过，为了达到这一目标，即使每年解开100道不同的问题，也需要花费30年。那么，像我这样仅有20多年咨询经历的人也只能算作不熟练者。

但是，如果是AI的话，像这样的模型认知只需瞬间就能完成。即使数字的位数是3000的几倍，对AI来说也是小菜一碟，能够轻松搞定。在这类模型认知上，身为人类的我们终究无法战

① 既视感：该词源自法语“Déjà vu”，也可翻译为“幻觉记忆”。大多情况下都伴随“确实有见过的感觉，但是在何时何地却总也想不起来”这样的似曾相识的现象，有别于梦境或单纯的健忘症。有人给出的解释是由于神经的“通道”出现异常而引发的大脑内部的信息处理程序紊乱所导致的。

胜 AI。那么，在哪些方面人类才能战胜 AI 呢？

人类要想不输给 AI，除了**通过与常识相悖的看法、以常人难以理解的组合、发现此前没有出现过的这种模型**之外，其他都不可能。

进而言之，只能依靠**发现将会成为未来的常识那样的事情**这一构想能力。过去的事情都已经储存在 AI 的记忆中，**人类只能利用从过去没有出现过的某种有悖于常识的组合中产生出来的构想解决问题**。那些理所当然的事情就交给 AI 去做吧。

不过，在这里有必要知道什么是理所当然的事情。否则，就连什么是新的组合也搞不清楚。因此，**从理所当然的地方出发，到普通人考虑不到的地方寻求答案**，才是卓越的咨询顾问的构思方法。

通常情况下，在委托咨询之前，客户都已经针对那个问题挖空心思地想过办法了。因此，咨询顾问即使想到了客户之前想到过的办法，也不能产生附加价值。

咨询顾问如果不在客户没有想到的地方寻求答案，就没有存在意义。在将该行业、客户的构思方法大致学过之后，**击中其漏洞**，才是咨询的方法。

## 击中盲点

这可能和推理小说及影视剧中寻找罪犯的故事情节有些相似。

最不像罪犯的人最后被发现是罪犯，这是此类故事惯用的手法。

我最喜欢的好莱坞电影中有部叫作《非常嫌疑犯》（*The Usual Suspects*）的大片，很多人应该都看过。在经常作奸犯科的五名“嫌疑人”中，由著名演员凯文·斯佩西（Kevin Spacey）扮演的金特最像“无辜”的人。但实际上，只有他才是真正的罪犯。

“没有必要调查那个人”“那个地方不去搜查也可以”，其实，这些被人深信不疑的地方才更值得怀疑。即使在企业中，行业的常识、企业自身的习惯性做法之中，往往隐藏着问题的本质。这些地方被称为**盲点**。也就是第2章中被称作“空白区域”的地方。

盲点就是外面的人看的话会产生“为什么不从那里着手”这种质朴疑问的点。但是，内部的人大都以行业结构早已是这样的、本企业采取的是传统的正面进攻方法等理由，从一开始就已经决定了答案并不在那里。

反过来说，在外人特别是攻击者看来，那种行业中有悖于常识的事物正好是商机。最近，有种现象被称为“数字转换”（利用数字技术破坏行业）。对书店行业、其他零售业及制造业展现强大冲击力的“亚马逊效应”就是一个很有说服力的例证。

这样一来，作为该行业内部的企业，如果只是在现行的惯例中推行一些比较合理的改善对策，仍然会有很大的局限性。攻击那些惯例的不合理之处的攻击者的到来只是时间早晚的问题。与其这样，不如在对这一情况做出充分预估之后，从自己开始做好重振的准备。

首先，模拟推演一下，**假如有将现行的惯例视为理想攻击目标的人出现了，事情将会变成怎样**。即使企业不开始着手解决它，也要做好发生那种事态的准备，在企业里准备好那样的**自我救助小组**，而不是说“这是惯用方法”这样的话。这是为了将来而做的不可或缺的准备。

在行业的惯例之外，也有很多盲点。**在此之前并没有引起足够重视的客户层**就是这样一个存在。

在通常情况下，企业都愿意倾听经常来光顾的核心客户的呼声。那些无论怎样也不来光顾的人的话即使听了也是没有用的。但是，如果只听取核心客户的声音，得到答案的范围就会变得越来越狭窄。这样一来，越是听取意见，越会形成市场的利基（即针对企业的优势而细分出来的市场，这个市场不大，而且也没有得到令人满意的服务）。

与其这样，不如倾听那些不是客户的人的声音，从而了解他们没成为客户的理由。正是在那里，沉睡着大量尚未开发的商机。这就是从近焦思考向远焦思考的转换。

尽管如此，大多数市场开发人员还是被购买兴趣浓厚的客户吸引去了，其中的原因大概是在此投入的费用最容易见到回报吧。PS 游戏机（Play Station，日本索尼旗下的电脑娱乐 SCEI 家用电视游戏机，现已成为最出名的家游产品之一）与 Wii① 的对决，就是非常典型的例子。

① Wii：由任天堂公司开发、2006 年面市的家用游戏机。任天堂开发的第六代游戏机，放置于家中，用连接了无线通信的“Wii 遥控器”实现直观操控，可以一边晃动身体一边享受打网球等的身临其境般的游戏体验。

PS游戏机在把焦点对准游戏迷（gamer）、满足他们的愿望、逐渐走向高端化方面取得了成功。例如，**在现实世界的武斗场面中，刀与刀碰撞时**，铿锵相交、发出嚓嚓声响那样的逼真场景，需要非常高端的技术才能做到。为此，PS游戏机的开创者久夛良木健先生出色地完成了搭载cell（元件）的“超级计算机”的惊人绝技。

对游戏迷来说，当时几乎陶醉于这个搭载中难以自拔，但对普通人来说，那已经是一个自己跟不上的世界了。在游戏玩家正在减少的现在，只能取悦一小部分玩家的买卖是不可能长久的。正如所料，因为没能收回巨额投资，索尼公司差点破产。

与此相对的，任天堂开发的Wii则是以3~7岁无法成为资深玩家的人群为对象的。对以纸牌（扑克牌）起家的任天堂来说，本就没有索尼那样的技术，也没有一群资深玩家跟随。**这个课题自身也成为解决问题的方案。**

把不是游戏迷的男女老少作为对象，去扩大新的市场，把原本只是一个人玩的电脑游戏，做成了可以大家一起玩的模式，也唤回了茶余饭后的家人团聚，创造一种亲密和睦、其乐融融的社会相处模式。这正是构想转换的重要性之所在。

## “坏孩子”在哪儿

本田公司的开创者本田宗一郎先生曾说过“只有‘坏孩子’

才能使公司变好”这样的话。这里所说的“坏孩子”，是指“不听话”的孩子。例如，当被训斥“这是公司的规则，必须遵守”时，会以“为什么”追究、核实原因的职员。只有顺从的优秀职员，企业难以进步。“如果好好思考一下，能够说出这条规则很奇诡的那种家伙，以后肯定会干出新鲜事来”。

不过，如果只从候补干部研修等课程班来看，如今本田公司里那样的坏孩子已经很难见到了，大都是些不对目前的做法唱反调，在遵守公司规则的前提下尽最大限度努力的优等生。

也许那样的优等生容易被选拔为候补干部，这样一来，他们就不会改变游戏规则，即使本来设定的课题本身就有问题。对他们来说，不管怎样，先付出努力找到解决方案。这样看起来似乎是把问题解决了，但实际上并没能解决本质性问题。

如果完全变成了这种企业战士，就会连问题意识都不具备了。即使仅用周末时间，也要对如今正在做的事情提出疑问，退后一步试着观察一下，然后运用学过的知识，把没有弄懂的事情记录下来。像这样停下脚步的时间、内省的时间是非常重要的，总之就是要拥有一段带着问题意识的时间。

**作为企业来说，也必须定期为员工提供从零开始重新思考的机会，思考自己本来是为了什么而存在的、应该做什么、为什么那个没能做到。**敢于利用那些非现场、非日常的环境，展开本质性讨论。

本田公司在其发展势头很好的时候，吵嚷喧闹[①]非常盛行。

① 吵嚷喧闹：尽管各自所处立场不同，但同属一个组织的人们能够很随意地“吵嚷喧闹”地谈论。本田公司提倡，无论公事私事都可以在职场里许多人一起相互交谈。

据我当时认识的小林三郎（担任过本田公司的研究人员、经营策划部长，现在是日本中央大学客座教授、一桥大学商学院兼职教师）讲，吵嚷喧闹如果不花上三天两晚开展的话那就不是真的。

第一天白天，大家都口若悬河地互相诉说自己喜欢的事情；晚上，则推心置腹地进行讨论。第二天，基于之前的讨论，大家一起一点点接近课题的本质。最后一天，在针对什么事情做出怎样的改变上达成一致。

不过，据说现在到外面去住上一两天进行吵嚷喧闹的情况基本上没有了，变成了“轻便型”的吵嚷喧闹，不喝饮品也不抽烟，只是“轻便”地泡杯茶。这样迫近本质性课题就是不可能的事情了。在这些方面，好像就能发现如今本田公司的问题了，换句话说，这些也可以成为本田公司重大的成长契机。

## 在多样性的组织中，盲点更容易被发现

如今，多样性①，也就是充分利用多样性人才这一理念，在企业里特别是那些大企业里已经成为常识，但这并非为了提高女性及外国人等少数派的待遇。一群人都不抱有任何疑问，按部就班

① 多样性（diversity）：积极活用各种各样的人才这一想法。本来大多是指有意扩大社会上少数派的就业机会，现在通常是指在经营管理中不拘于性别和人种差别，对不同年龄、性格、学历、价值观等持积极包容态度，广泛吸纳人才以提高生产效率。

地开展工作，那些持有不同想法的人若加入进来，可以引发人们的问题意识，这就是多样性的真正价值所在。也就是说，**多样性成为发现组织的盲点并包容它**的重要手段。

通过多样价值观的相互碰撞，就会带来各种各样的创意。从这个意义上来说，尽量增加与企业外部人员的接触，也可以起到与多样性理念同样的效果。我将其称为“**扩大组织的表面积**”。

所谓表面积，是指与外界接触的面积。越是大企业，其表面积越小。表面积狭窄，是指仅在组织内部调整，用组织内部的逻辑来运转。那些逻辑一旦不起作用了，就不清楚企业的规则了。那些规则也就是企业的常识，而在局外人看来，都是一些非常识。这就是典型的大企业病。

所以，必须扩大企业的表面积。也就是说，要多花些时间建立与外部的联系。那样的话，也可以扩大与新伙伴（非老主顾、非与自己关系紧密的供货商）的接触。具体来说，就是要拥有与不同行业的接触点，在那里会有值得注意的事物存在。

大企业要做到这一点非常不容易。稻盛和夫先生的阿米巴经营①这一建构的卓越之处，就在于**通过将组织变小来扩大与外界接触的表面积**。相较于部门内部的管理，与外部打交道的事情要多得多。

**要想扩大表面积，像这样将每一个组织尽量变小，**是一种智

① 稻盛和夫的阿米巴经营：稻盛和夫（1932— ）创立了京瓷和第二电电（现名KDDI）两大上市公司，实现了日本航空（JAL）的重建。创立了培养中小企业经营者的“盛和塾”，是当今日本最杰出的经营者。由他独创的“阿米巴经营”方法已经广为人知。这是一种由公司全体员工自己制定核算以及小组（小集团）独立核算制度。

慧。越是大型组织越要进行责任分工，一方面，组织内部的每个人都变成其中的一个齿轮。另一方面，如果组织内的每一个小组织都能够各负其责地思考，通过与外界的接触，就会产生各种各样的想法。

不过，阿米巴经营也有巨大的反作用。因为每一个组织都很小，在涉及重大投资或面临重大风险时就会踟蹰不前。并且，面向外部的力量过大，离心力作用过大，难以形成组织内部的一体感及互动感。虽然能够保持风险精神，却难以培育具有规模经济效应的大事业。

不具备弥补这一反作用的经营能力，只靠阿米巴经营，企业就仅是中小企业的集合体而已。此时**超越规模性和灵活性这种二律背反关系的智慧就变得非常重要。**

## 打进界外

在第2章，我介绍了通过思考 Why not yet（为什么没能那样）来发现该组织固有的本质性课题这一话题。其实，思考 Why not yet 在发现盲点方面也非常有效。

但若把 Why not yet 追究到底，必然会触碰到各个企业或者行业的“**界外区**”[①]。也就是说，会触碰禁区或发现本质问题所在。

① 界外区（Out of Bounds，OB）：能够玩的区域之外。在高尔夫比赛中，把球洞的外侧用球桩连接起来的线称为界线，球飞到那条线之外就被判为出界。

即使做出“难道那不是问题的本质吗”的暗示，也会得到“那早已是按照规则绝不允许做的事情”这样的回答。虽然对外部人来说再也没有比这更不可思议的事情了，但对内部人来说，从一开始就没有将其作为解决问题的手段。正如前面阐述的，被称为**行业的惯例、结构性问题**等区域，都是界外区。

如果触碰到界外区，咨询顾问首先就要对其产生“那真的就是禁止使用的手法吗”这样的疑问。惯例也好，结构性问题也好，都只不过是些常规的事情，所以，应该思考：“难道不能将其改变吗？”

如果仔细观察，**界外区中关键的人物通常就是该企业的老板**。比如，“都是老板的想法”“老板喜欢这个、讨厌那个”之类的。

以前，曾经有人给经销婴儿用品的企业提议，也要经销一些宠物用品。其理由有二：一是由于少子化，婴儿数量越来越少；二是对宠物倾注与人同等的情感、愿意为其花钱的人不断增多，如给宠物吃的食物比给丈夫的还要好，让丈夫吃掉宠物食品这样的恶作剧也时有发生。所以，如果经销与婴儿用品同等质量的宠物用品，市场不就扩大了吗？这个提议正是基于这一思考做出的。

但是，该提议最终没有被采纳。因为该企业的老板认定，把尊贵的人与猫狗同等对待的情况是怎么也不应该出现的。

的确，也许会有顾客对这样的事情感到不愉快。但是，绝大多数人应该不会在意。那位老板的那份执念就是界外区。正是由于他的这一决定，巨大的商机就白白错失了。不过，作为前人尚未涉足的成长区域，这位老板的想法也不失为一种好意，这是要为将来留下乐趣的一颗慈爱心的体现。但是，错失商机总归是留下了一些遗憾的。

同样，常见的界外区就是**老板采取不精减的工作方针**。因为有人难以实现**数字转换**，也就是说，难以下定决心施行用新科技来打破旧有做法的变革。在这种情况下，想要一下子把员工辞退那种冷酷的事情是难以做出来的。那么，在给了他们再教育等成长机会之后将会变得怎么样呢？

每个企业都有一套“这个不能做”的不成文规定。而挑战这些规定，在很多情况下就成为咨询顾问的用武之地。

“为什么直到现在还没有做这件事情？”“为什么那件事情至今还不允许做？”**“Why not yet？”“Why not now？”**……秉持耐心一直问下去。

最初，客户通常都会表现出茫然若失的样子，持续不断地问下去，就会得到“那种事情连想都没想过”“那个没想到往前推动”等答复。但是，在这个**“成了不能做的事情”的认定中，才会找到问题的本质**。就像前文提到的“窒息点”，就是无法达成的本质性理由。

**大部分“窒息点”都是作茧自缚**。通常情况下都是自己绞住自己的脖子，甚至就连被谁、为什么绞住了都不清楚。

例如，对于销售额在低位徘徊这一状况，暂时调低下一年度的利润，舍弃效率低下的业务，从而使再下一个年度销售额开始回涨，这都不失为一种办法。但是，能做出这一决断的老板并不多见。老板们大都希望利润连续增加，纪录连年更新。其理由无外乎一旦下调利润预期就有可能会使员工失去进取心，市场也会投来怀疑的眼光。实际上，在很多情况下，**把业绩当成自己的成绩单，才是致使自己的选择余地变得越发狭窄的真正原因。**

事实上，也有花上 5 年时间认真地拿出业绩、卷土重来实现 V 字形回升的选项。倘若一边尽力维持现状，一边想着开展一些小打小闹的行动，其结果不可能做成大事，但陷入这一困境的公司非常之多。

## 那真的是取舍关系吗

**所谓决策，是指在资源有限的情况下选择干什么。**也就是要**选择舍弃除此之外的大多数。**丰田公司的丰田章男总裁说过，所谓“决断”就是“决定断掉”。确实是句名言。

但是，不做出选择，举棋不定、优柔寡断的经营者也非常之多，他们“只是站在原地按照自己的主观意愿做推测”。而斗胆问一句“在那些诸多的事业中究竟要舍弃什么”，是咨询顾问的工作。

实际上，很多事业都是处于开展了这个项目就不能开展那个项目的取舍关系之中。对于要舍掉什么、选取什么，的确是非常艰难的选择。而且，一旦选择错误很可能会给企业带来致命的重创。那么，该怎么办才好呢？

在这里给出的一个提示是，**加上时间轴的视点。**

是选 A 还是选 B？对于每一个选项，**列举出短期的坏处和好处以及长期的坏处和好处。**然后，重新评估 A 和 B 到底是不是取舍关系。

假设先开展A，能不能接着开展B？反过来会怎么样？这样追根问底看看。结果可能会发现，仅仅只是一个顺序上的问题。这样的情况并不少见。

例如，品质和成本的关系问题。如果把品质调低的话，成本马上就降低了。但是，销售额也会随之降下来，最终而言成本其实是上涨的。如果想生产品质优良的产品，初期要投入很多成本，会冒无法获得利润的风险。但若客户发现产品的品质如此之高，愿意大量购买的话，成本就会下降。这样一来，提升品质和降低成本就不再是取舍关系，而是能够兼顾的关系。

着眼长远，最初就要生产即使成本划不来也要保证质量的产品，这是先行投资的思考方法。为了将商品低价卖出而降低成本，品质也会跟着下降，这样一来就未必会有顾客再来购买了。

优衣库（UNIQLO）就曾经在这上面栽过跟头。从中吸取了教训的优衣库在品质方面绝不做出妥协，甘愿冒生产成本大幅增加的风险也不降低品质，结果反而在降低成本方面取得了成功。

**从长远来看，品质和成本绝对不是取舍关系，而是“兼顾”[①]关系。**虽说如此，从时间轴来看，必须要有暂时的成本吞噬利润的思想准备，而这很可能在未来带来巨大的收益。为此，不应该看重短期利益，通过上调价格来满足很小的市场份额，必须要有即使牺牲短期利益，对价格也不做出上调，从而获取更大规模的

① 兼顾（trade on）：作为与开展这个就不要开展那个的“取舍”（trade-off）的相反的概念，由彼得·佩蒂森（Peter pedersen）在其著作《复原力强的公司》（*resilient company*）一书中提出。他认为，企业的经营/事业应该与社会及自然环境确立兼顾关系。

市场份额的觉悟。

## 验证假设和精益创业

在本章开头已经提到，首先要建立假设，再对照事实，如果假设与事实不相符，就不断修改假设。关于这一验证假设的过程，在咨询界经常使用**证明和反证**的方法。

决定想要证明什么就先假设，然后基于事实对这一假设进行验证。但是，如果反证汇集起来，那么这个假设立即就会不被采用，进而向下一个新的假设推进。这就是破坏之后再建立。

这时，绝对要避免的是，仅挑选符合假设的现象。这说起来很简单，而且大家可能会觉得这不是理所当然的吗，但事实并非如此。不仅仅是政治家，就连经营者和市场分析者都容易从“不合情理的真实”处移走视线。所以，必须引起注意。

首先设立假设，依据这个假设来观察事实，然后再依据事实重新更正假设，这一系列操作与在硅谷流行的**精益创业**[①]有着许多共同之处。

**所谓精益创业，并非一开始就生产出完美无缺的产品，而是首先把最简化可行产品（MVP，minimum viable product）推向市场，然后根据市场的反应重新生产。**精益创业采取的就是这

① 精益创业（lean start up）：由美国创业家埃里克·莱斯（Eric Ries）所提倡，是他根据自己创立风险投资公司的成功经验总结出来的创业方法。

样的做法（关于这方面的内容会在第二部分做详细阐述）。

解决问题也与此相似，先设定一个与事实大致相符的假设，即使这个假设与完美相差甚远也没有关系。换句话说，这是一个在设计思考阶段的实物模型，也就是试创作品。拿这个模型与企业、市场的现状进行参照，就会出现各种各样的反应，与该产品相矛盾的事实、反证都会出现，然后接受这一现实重新生产。这就是解决问题的程序。

## 破坏的勇气

谷歌是一家在构思“从无到有”的事物方面出类拔萃的公司。谷歌为此也配备了许多建构，其中之一就是**对计划落空表示祝贺**。

不是对计划成功表示祝贺，而是对计划落空表示祝贺，**对发现了朝着那个方向走行不通表示祝贺**。也就是大家在一起庆祝又完成了一件假说验证。

但是，像谷歌那样的公司毕竟是少数，大多数公司都处于不欢迎失败的文化氛围之中。“这里没有需求，还是撤退为好”“这个战略（假设）错了，还是把这个项目停了为好”，大多数公司很难说出这样的话来。

**如果不是90%以上的试验都失败了的话，谷歌是不会做冒风险的事情的**。为什么呢？所谓失败也就意味着要挑战各种各样的可能性。如果 90% 的试验都成功了的话，那后续就不会再有挑战了。这一做事原则与著有《一胜九败》一书的柳井正总裁所率领的迅销公司很相似。

然而，日本大多数大型企业都与谷歌正好相反，那些企业的常识就是不取得 90% 以上的成功就不行——这一差别非常之大。

但是，**成功率为 90% 那样的事情就不能被称为挑战**。只有做那些看起来不会取得成功、有悖于常理的事情，才叫挑战。**对失败概率至少为 50% 的事情斗胆赌上一回，才是挑战。**

所以，90% 都失败了是理所当然的事情。即使那样，通过继续展开挑战，就会取得通常谁都不会去做的 10% 的成功。

## 拉动停止阀的勇气

在不把失败当作好事的文化氛围里，不只是难以发起挑战，而且还存在尽管失败了，因为不想承认，就一直让其持续到发生致命性问题，甚至可能会造成更大负面影响的时刻。

再次以丰田公司为例。丰田公司有非常有名的“停止阀”，意思是发现有不正常的情况时，立即让流水作业的生产线停下来。通常情况下，企业都优先考虑生产效率，把生产线停下来是类似于“犯罪”的行为。在美国，让生产线停下来的员工会被立即开除。过于重视短期的生产效率，即使出现了大量残次品，也继续让生产线运转，这是一直以来的做法。

但是，丰田公司在美国肯塔基州设立的工厂，就采用了具有丰田特色的“停止阀”方式。该工厂绝对不把残次品传送到下一个程序。然后，“问五回 Why”，在彻底查明问题的真正原因之前，不开动生产线。

据说美国的员工最初对此半信半疑。在《丰田故事：所谓强大，是指培育出了“自己思考并推动的现场”》这部书中，介绍了下面这个故事：

某天，拉动了“停止阀”，让生产线停止了15个小时的美国员工保罗，次日早晨被时任工厂负责人的张富士夫（担任过丰田公司的总裁、董事长，2017年以前一直担任名誉董事长）叫去了。保罗预感到自己将会被解雇。

但是，张先生紧紧握住他的手并向他鞠了一躬，说：“保罗先生，我们的工厂刚建起来，正处于非常时期。15小时，很煎熬吧。多亏了你，恢复生产了。非常感谢！今后还要务必请你一如既往地帮助工厂发展。”

据说，当时的保罗情不自禁地抽泣起来。并且，直到退休前，他都还在为将丰田的生产方式植根于肯塔基工厂而尽最大努力。后来，保罗追述往事时依然感慨万千，“作为在美国最先被培养出的能够思考的员工而深感自豪”。

让生产线停产的员工，非但没有被解雇，反而还得到了老板的真诚感谢。这就是停止阀方式的本质。**在现场不隐瞒失败，而是将其当作宝贵的学习机会**。这才是以现场思考为支柱的丰田特色得以发扬光大的精髓所在。

**为了学习，要有承认失败的勇气，要有勇于改变的勇气**。正是基于这一原因，谷歌与丰田同样都对失败表示祝贺。

## 接近本质的螺旋式做法

要解决问题，“破坏的勇气”也是不可或缺的。从一开始就想着要直奔正确答案的话，无论怎么做也难以从常识之中摆脱出来。正是因为有了破坏的勇气，才能够向各种各样的有悖于常识的假设发起挑战。

如果假设落空了，那就要痛快地承认答案不在那里，迅速转向下一个假设。这并非是完全回到了零起点，至少意味着，推翻了一个具有可能性的假设，可以稍稍地向本质靠近一点。

如果能够用图描绘的话，就可以清楚地看出这个过程，一边**骨碌骨碌地旋转，一边呈螺旋状向更深的地方推进以靠近本质。**咨询顾问非常看重这一螺旋式靠近的做法。

只凭借“常出去转会交好运”这个理念，盲目地东跑西窜巧遇本质的概率非常渺茫。确信就是这里，挖掘下去没有找到答案，即便如此，也确信就应该在这周围，然后在周围试着再挖掘一下，如果还没能发现答案，那就再往周边挖掘下去。等反应过来，发现假设已经进化成与最初的Day1假设毫无共同之处的Day3假设了。就这样，一点一点地接近真相。这就是“假设思考”。

有时会发生Day1假设一直保留到最后的情况。直线型解决问题，绝大多数情况都会偏离本质。如果不能不断向前推进假设，最终往往就会敷衍了事、草草收场。

也许会有人认为，“反正是要变成全然不同的东西，从最初开始不设定假设不是也可以吗？没有必要为此劳心费神”。但是，如果不设定假设，就不会看清本质。**正是因为有了假设，才能将其否定，进而不断深化。**

我认为，完全没有预想就去看待事物，所得出的结论乍一看好像具有科学性，其实并不具有科学性，且无法看到本质。只要做出带有一定准确性的假设，并勇于基于事实对假设做出改变，就能迫近问题本质。

**“拥有假设的勇气”和“破坏假设的勇气”是假设思考的两个要点。**

## 答案就在那个人的身上

在此提点我个人的私事。我曾找高尔夫教练学习高尔夫，在这一过程中，我彻底明白自己不具备打高尔夫的才能。我以前养成的身体偏斜的毛病，在球场上无论如何也改不掉。教练无论怎样想帮我改成正确的姿势都是白费劲。

这件事情让我反思，自己找教练的目的是为了提高打球的分数，还是为了习得一个正确的击球姿势。如果能从本来的目的进行逆推，结合自己的习惯，争取在规定击球次数下得分，解决方案就出来了。

按照教科书上写的那样照本宣科会很乏味，说起来也算不上是解决了问题。相比照本宣科，按照来咨询的企业的习惯，结合企业的情况，引导它达到目的，这不才是正确的做法吗？

把自己与他人做比较，努力模仿他人的姿势，即使达到逼真的程度也是没用的。与其如此，不如专心掌握适合自己的姿势。这并非彻底改变自己的姿势，而是熟练运用自己已经掌握的姿势，找到在规定击球数内提高分数的方法。也就是说，问题的本质也好，解决它的答案也好，都要在自己的身上找。

“又出现竞争对手啦”“行业内部又有人说三道四啦”，对企业的外部评头品足的人非常之多，但是，无论怎样感叹外部的环境变化也对企业起不了任何作用。**没能很好地把外部威胁变成机会并充分利用，这样的企业本身就存在着很多问题。**

**问题的原点就在自己身上，其解决办法也要看自己的能力和水平如何。**可以说，问题就等同于自己。

如果被别人说问题就在自己身上，也许会有人为此感到心情沉重。但是，换一个角度看，**并非是发现了“正确的答案”，而是发现了“与自己相匹配的答案”**。这样一来，是不是再也没有比这更让人打起精神的话题了呢！？

前文已经讲过，问题才是带来下一次成长的机会。实际上，迅销公司的柳井正先生已经把“风险就是机会”当成了口头禅。**风险就是危机，也就是机会，只不过是如何看待这两个“机”的差别**而已。

灵敏地抓住那个“机”，并将其与自己的变革和成长有机结合起来才是关键。无论是柳井正先生、孙正义先生，还是永守重信先生，这几位旷世少有的“说大话”（也被讥讽为“吹牛皮”）的经营者，都在将危机转化为机会，同时，机会来临时，他们又把它当作危机来鼓舞员工的士气。在这方面，他们做得非常出色。**危机和机会是并存的关系**。他们对此都有非常深刻的理解，并且他们也都熟知如何将其充分利用，**答案就在他们自己身上**。

## 本章总结

- 怀疑通说和常识。为此，不要做率真的人（好孩子），而要成为古怪的人（坏孩子）。
- 不要拘泥于眼前的事情（镜头内），而且还要拥有宽广的视野（镜头外）。
- 不要只重视“老主顾”，而且还要重视“非客户”。
- 纳入时间轴，把取舍转化为兼顾。
- 搜寻盲点。为此要纳入多样性，扩大与外部接触的表面积。
- 打进“界外区”，发现本质问题所在。
- 不要害怕失败，从失败中学习。抱有不断破坏假设的勇气。
- 问题及其答案的本质都不在外部，而在自己身上。

第 4 章

# 影响力——影响思考

## 议题树

通过学习第 3 章的“假设思考”，我们能够做到本质性课题的设定了。虽然这是非常重要的一步，但也只不过才到达了解决问题的最初入口，并非马上就能解决问题。如果不把重大课题进一步分成几个课题群分别加以思考的话，就无法解决现实问题。

这个把课题进一步分成次级课题的做法，被称为“建构化”。把课题“建构化”的过程，决定了解决问题的质量和效率。

最初的课题设定需要某种直观的思维火花闪烁，如果没有的话，就什么也无法开始。但是，要想解决实际问题，就必须把该课题分成能够展开分析的几块。

对此，我经常使用大象的图给学生做说明。即使想要一口吃掉大象（当然这是不可能的，结局往往是自己被踩扁），也必须将其仔细地切成能够吃掉的小块才行。

以吃掉大象做比喻，可能会受到动物保护团体的围攻。总之，我想说的就是，通过细化、分解，也就是建构化，即使是像大象那么大的动物，我们也能够将其不减损重量地分解。

具体来说就是使用“议题树”，考察问题的本质即议题是由怎样的区块构成的，再将那些区块分成次级议题，之后再将每一个次级议题进行细分（参见图 4-1）。

也就是说，所谓“建构化”，是指从问题的本质出发，将其元件化分开来看。

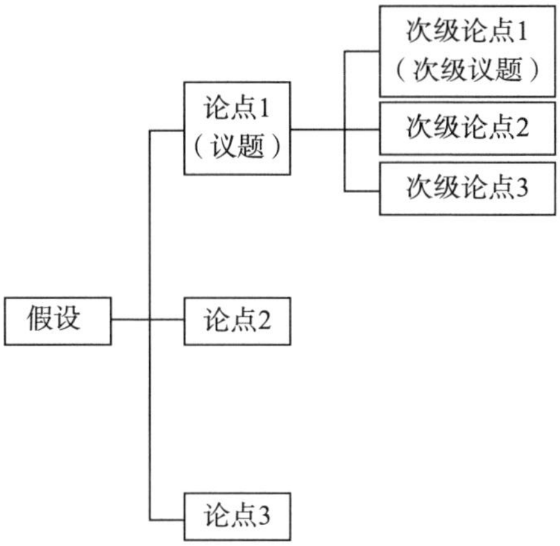


**图 4-1 议题树示意图**

## 排出优先顺序的80/20法则

在这里要提出的是 MECE 思考方法。对于这个思考方法，正在阅读本书的各位读者应该已经听过多次了吧？那么，它到底是什么意思呢？

它是取了 mutually、exclusive、collectively、exhaustive 四个英文单词的首字母，是不遗漏、不重叠地把整体进行严密区分的意思。

将事物分成 MECE 的作业看起来很简单，实际做起来却很难。如果想要细致地做起来，则没有穷尽（这一点在第 5 章再稍微深入解释）。

原本是要通过把大块头的问题建构化来解决本质性问题，但是，如果将其细致地建构化，反倒难以看清问题的本质了。那么，该怎么办呢？切掉多余的枝叶。将问题进行分解之后，丢弃细枝末节。

我想，肯定有不少人听说过 80/20 法则（帕累托法则）①，该法则在这里也适用。也就是说，如果把问题的全部当作 100，问题的本质大体上占 20。

在带有文牍主义工作作风的人看来，也许他们会认为这难道不是仅完成 20% 的任务就可以了吗？但是，对解决问题来说，最重要的是在有限的时间内解决问题，这就需要看清本质，拿出有效的手段。

鉴于这一目的，付出千辛万苦即使覆盖到了问题的 80% 也无法期望得到多少回报。与其如此，不如把焦点只对准重要的 20%，从而能够大体上看清事物的本质。所以，要舍弃那 80% 的部分。该法则所要表达的就是这样的意思（参见图 4-2）。

不过，这也并非那么简单。那么，怎么样才能看清那重要的 20% 呢？假如看到了错误的 20% 将会怎样呢？把重要的 20% 舍弃了又将会怎样呢？

在此，就要看清哪部分才是本质性的 20%，看清哪里才是有影响力的部分，然后把问题的本质所在锁定。

① 帕累托法则：意大利经济学家维弗雷多 • 帕累托（1848—1923）提出的“最优法则”。在经济中，整体数值的大部分是由构成整体的一小部分要素产生的。

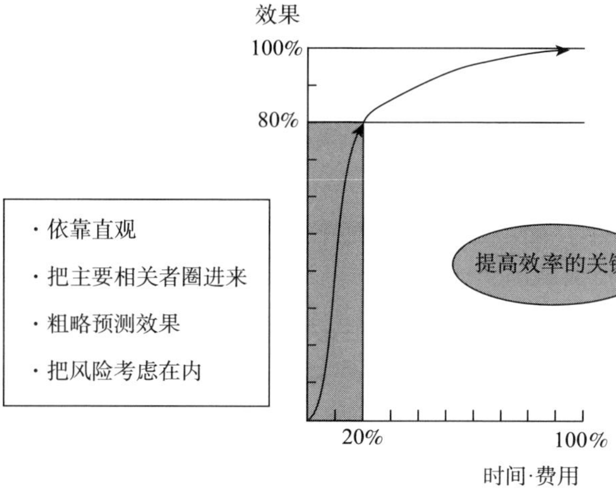


图 4–2　80/20 法则示意图

# 不要摘取低处的果实

要想锁定 20% 的重要部分，该怎么做呢？

这就要根据对整体的影响力大小，为次级议题排好优先顺序。那么，如何排呢？

在此重要的因素之一就是时间轴。用什么来解决问题，会因时间轴的放置方法不同而有根本性的不同。是对短期现象进行整顿只做少许改善呢，还是宁可花费时间也想解决本质性问题？这与拿出成果的时间长短不同，与以何为焦点也大不相同。

这时，做法大体分为两种。

一种做法是先从能够做的事情做起，即从不难的事情做起，“摘取低处的果实”，也就是以马上就能摘下的果实为目标的做法。

但是，这种方法的缺点是，低处的果实无论摘下多少都不会产生太大影响，高处的果实无论到什么时候还是摘不到手。搞不好的话，高处的果实反而更难以摘取了。

虽说这是为应对当时情况而设定的议题，但要想实施也需花费相当长的时间，时间一长，慢慢就会觉得没有什么意义了。为了摘取高处的果实所要付出的努力总也不能落实到实际行动上，就会出现这样一种消极的心态。

另一种做法是从有影响力的事情开始。这样做虽然需要花费较长时间而且难度很大，但这是朝着解决本质性问题所做出的选择。这是对解决问题拥有自信的实干家都愿意选择的一种方法。

但是，在很多情况下，这种方法也很难排出正确的优先顺序。那么，该怎么办呢？根据这两种情况来综合考虑的话，就可以做成图 4-3 那样的图，纵轴表示影响，横轴表示速度。

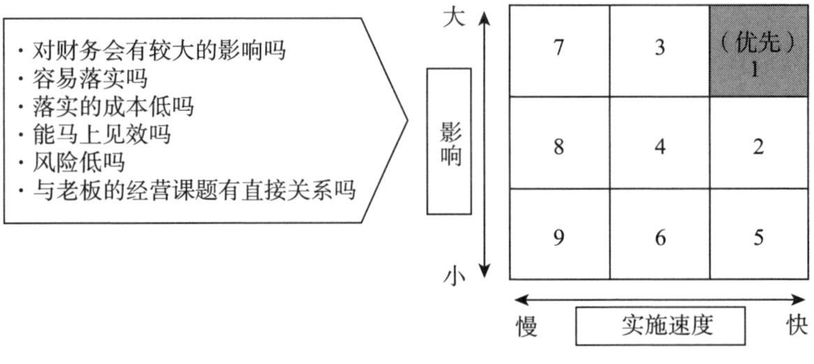


**图 4-3　优先顺序的安排方法**

# 排出优先顺序的方法

那么，何谓“影响力”？

对经营来说，毋庸讳言，影响力就是收益大小。如果无法实现收益，事业就不能继续下去。因此，至少可以说，不能带来长期性收益的经营就不重要。例如，对于销售额在 1 万亿日元左右的大型企业来说，如果不是能给其带来超过 100 亿日元的收益的议题，就没有必要最优先予以解决。

作为经营课题，这种盈亏线影响力（Bottom line impact）是决定优先顺序的一个重要依据。

另外一个轴是速度。同样的影响力，例如，都能带来 100 亿日元的利益，因得到它所需时间不同，其优先顺序也会不同。

图 4-3 是把这两个轴各自按照三个维度进行了区分。

看重影响力的人会选择图中的“7 号”。这是一个虽然影响力大但要花费时间的选项。“如果不趁现在早点着手的话，就耽误事了”，在得出这样的结论之后，就会着手做“7 号”的事情。

反过来，看重速度的人会从“5 号”着手。“5 号”速度的确快，马上就会见到效益，只不过影响小。

从“7 号”着手的人，就是在高考中从最难的题目开始解答的那一类型的人。但是，如果到了交卷时间还一道题也没能解答出来，成绩就是零分。也许他们确实有一定的实力，但也确实落榜了。

那么，从可以迅速见效的“5 号”开始就好吗？在这里也有陷阱。再以高考为例，选“5 号”的人的做法是从简单的问题开始解答，这样的话，即使题目做了不少但总分值仍然有限且分数高的难题很有可能还没来得及解答，结果也可能落榜。

“7 号”不行，“5 号”也不行，那么选“1 号”吧。其影响力大、效果也能很快见到。确实，从“1 号”着手是正确的。

那么，“7 号”就被永久弃之不顾了吗？并不是那样的。“7 号”的建构化还做得不够，还是一个大块。所以，要花费时间把它再进一步细化，重新做成“1 号”那样的小块。这样问题就容易解答了。

一方面，像“1 号”那样的优先课题，很多企业都特别重视落实。另一方面，最容易被搁置的就是“7 号”，它还会像白蚁那样慢慢地啃噬企业的基石。所以，把这个搁置的“7 号”建构化为“1 号”，就是咨询顾问展现本领的地方了。

把课题做成议题树，并将其建构化，然后把其中的重要树干再分成细化的议题，就是“议题分析”（参见图 4-4）。不能只是单纯的建构化，排好优先顺序对提高解决问题的效率也非常重要。

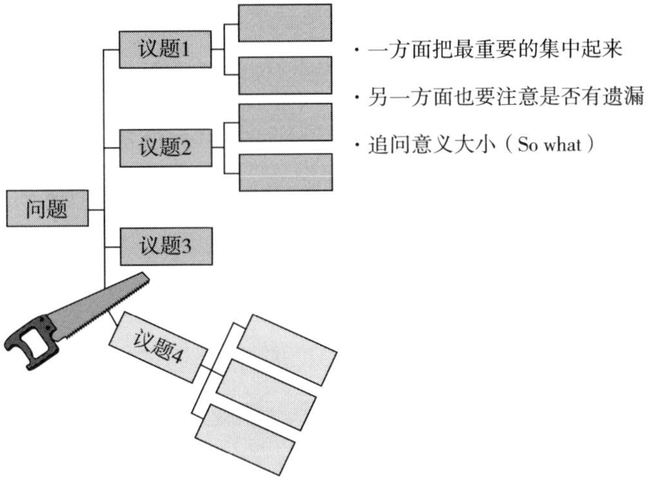


图 4-4 议题分析

## 回到本来的目的

在思考本质性课题的时候，必须回到“终极的目标是什么”这一稍微带点哲学色彩的问题上来。在很多情况下，所谓目的实际上只是途中的一个节点。没有很好地看清前面到底有什么，也的确是实际存在的情况。

因此，再一次追问客户“为什么把它当作目的？从本来的地方重新思考吧”，这也是咨询顾问的重要工作。

前些日子，遇见了很久未见的某家大型企业的行政主管，发现其举止、外表与原来相比好了许多。一问，才知道他开始了 RIZAP[①]，并且把练就像 X-PAc（美国著名摔跤选手，本名 Sean Michael Waltman）那样的身材当成努力的目标。

实际上，把自己打造成像 X-PAc 那样，在中老年（特别是老年）男性中很流行。但是，胸部到腹部的肌肉即使练成了明显的六个部分，也没有场合展示给别人看。而且，因为训练过度导致腰疼的人好像也不少。

那么，把自己打造成像 X-PAc 那样就是训练本来的目的吗？的确，这也许可以被当作一个目标。但是，本来的目的难道不是为了保持健康状态吗？进而言之，我们是为了什么才想让身体健康呢？

肌肉训练也好，女性的减肥及抗衰美容也好，一旦陷进去，很容易呈现禁欲主义的自我陶醉状态，把本来的目的忘掉，把手段当成了目的。这种情况在组织里也同样会发生，甚至说在所有的场合几乎都会有这种情况也不过分。

例如，现在正流行的“健康经营”，是指从经营的视角来思考员工的健康管理，并将其付诸实践的战略性举措。为此，甚至颁布了《健康经营先进企业认定制度》。在这种情况下，落实这一制度的企业也在不断增加。

本来这是基于“通过对从业人员等开展健康投资，把组织搞活，从而促进企业业绩提升和股价上涨”这一逻辑而在美国诞生的。但是，在日本很多开展这项制度的企业里，却脱离了它原来

① RIZAP：以男性商界人士为中心来推广的健身减肥项目。利用专业田径运动员训练时所运用的最新技术，教练对减肥人员展开一对一的专业指导和严格管理，以求在短时间内见效。

的目的。负责实施健康管理的部门只关注员工的健康诊断结果，从业人员也产生一种被强迫体检的不满情绪……这是最近一段时间经常看到的场景。

在这里重要的是，原本是以什么为出发点而制定提升员工健康指标的目标的？公司通过此举要想达到什么目的？必须从这里开始讨论。

于是，就会得到如下这样的回答，“想成为工作方式改革的领头羊企业”“想成为入职意愿度排名前列的企业”等。那么，为什么必须要那样呢？进一步追问的话，“只有健康且干劲十足的员工，才是企业今后成长的必要条件”等似乎正确的回答就出现了。

然而，企业在今后的成长中必须着手解决的课题堆积如山，员工健康经营的优先排序果真就那么靠前吗？

收集在低处采摘的果实，即使进入了排行榜，也不会给企业经营状况的根本好转带来帮助。至于那些非常规企业的员工为什么容易患病，也许应该另当别论……

## 议题分析为什么非常必要

下面围绕议题树的制作方法和议题分析展开具体讨论。再以那位深深痴迷于 RIZAP 的行政主管为例。

你认为“必须恢复健康状态”，所以决心去 RIZAP。但是，那样做真的就好吗？那样做你的本质性问题就解决了吗？

针对这些问题，我们试着开展议题分析看看。

首先，把“恢复健康状态”置于出发点。那么，该怎样设定次级议题呢？

拆分方法有多种。用 why/what/how 来拆分也是方法之一。

首先是 why。要思考“为什么那就是问题”“如果除此之外还有更重要的问题该怎么办”“那真的是问题吗”。

其次是 what。“为此该怎样做才好”。

在这种情况下，得到的回答基本上就是“变得健康”。但是，所谓变得健康，是指心理变得健康还是指身体变得健康？如果这样思考的话，就会清楚，“健康”这一课题，大体上可分成心理和身体两个方面。

在此基础上，针对身体健康展开分析。在身体健康中，不是针对疾病的治疗，而是针对疾病的预防展开分析。于是，到底是想鼓起肌肉、收缩腹部，还是想降低血糖值？是根据内脏系统，还是肌肉骨骼系统来达到目的？依次这样进一步拆分下去。然后要再次自问：“问题到底出在哪里？自己把什么当成了问题？”

于是，在这一过程中，“想恢复正在衰退的活力，而活力消退是受眼前堆积如山的课题困扰所致，这难道不正反映自己对未来不再抱有希望了吗？如果是这样的话，真正的问题难道不是自己的心理健康出现问题了吗？”做出如此思考之后，就决定要重新找回一度丢失的心理健康。

可是，在重拾心理健康的过程中，如果发现实际上难以抱有希望是因为身体机能变得衰弱了，这样又重新回到身体健康上来的情况也是有的。像这样，在不断追问“本质问题是什么”的过程中，再次捡回一度被切下扔掉的事物的情况也并不少见。

最后是how。它的拆分方法也有许多。例如，可以分为在日常情况下马上就能做到的事情和住院治疗、加入专业的野营队等非日常的事情。当然，加入RIZAP也可以说是一个选项吧。

但是，如果在what的过程中已经清楚了原本的问题是心理健康问题的话，作为how，要怎样转换心情才会重新找回自我就显得重要起来了。也许此时就会明白，与其去参加RIZAP，还不如去坐禅更好。

这样一来，又重新回到了出发点。

必须重新追问，“自己到底想要达到什么样的状况？什么才是根本性的问题？”以刚才所讲的某家大型企业的行政主管参加RIZAP为例，当问他，为什么要以把自己打造成像X-PAc那样为目标，他回答想要重新恢复健康状态。但是，60多岁的人的健康有必要以像X-PAc那样为目标吗？去参加RIZAP锻炼肌肉是最好的方法吗？本来真正想要达到的状态究竟是什么？最根本性的问题究竟是什么？这些问题必须问清楚。

这样一来，他真正想要的也许是想恢复男性机能。如果是这样的话，除了RIZAP之外，肯定还有其他办法。不必非得要以像X-PAc那样为目标，可能还有荷尔蒙治疗之类的方法。也许是想着将代谢症候群（腹部肥胖再加上高血糖、高血压、高血脂“三高”中的“两高”以上）的肚子缩下去，想着要减肥。如果是那样的话，也有在家里进行的降糖减肥方法。

即使以上的方法都了解了，仍然还固执地要坚持参加RIZAP、要以像 X-PAc 那样为目标的话，那也许他是抱着让别人欣赏自己的身体、讨年轻女性喜欢等心照不宣的愿望。假如是那样的话，RIZAP 也并非不好，但除此之外还有许多方法，是否去做就另当别论了。

“只能 ××”，像这样拘泥于一种方法，在 how 的地方碰壁的事情并不稀奇。通过建构化就会明白在哪个层次上碰壁了。

所谓问题的建构化，说的就是这个事情。

## 对议题重新定义

不过，也不要指望通过最初的建构化就能到达本质性课题。“多次构建再破坏掉，再构建”这样一个过程是必要的。

回到参加 RIZAP 的那位行政主管的例子上来。

对于忙到甚至几乎每天晚上都投入接待事务中的他来说，最大的障碍就是，即使想做些有利于健康的事情却实在抽不出时间来。尽管每天上下楼坚持爬楼梯而不乘坐电梯，每天控制饮食，仍然达不到观感上的效果，到头来还是坚持不了多久。

因此，他就选择了 RIZAP 作为尽快见效的“强制项目”，只要从紧张忙碌的工作中挤出一点时间到健身馆即可。就连他在健身馆吃饭时，教练都会向他投来示意他少吃一点的严厉目光。其结果是，仅用 3 个月的时间，他就达到了判若两人的健身效果。

从这个事例就可以发现，我们把“What not yet”确立为议题就可以看到真正的问题所在。

也就是说，那位行政主管最大的问题就是没有时间。因此，短时间就能够见效的RIZAP便成了最好的解决方案。而且，在这样的训练过程中，身体的改变让他感到很愉悦，于是他在不知不觉中就把像X-PAc那样当成了努力的目标。如果他能这样坚持下去，也无须担心常见的肥胖反弹。这样不仅使他的身体越来越轻便，就连心情也变得舒畅起来。因此，3个月30万日元的收费也绝对不算贵。“很容易就摘到手的果实”（很容易就见效）有助于从本质上解决问题。

前面说的X-PAc，我仔细打听后才知道，练就六块腹肌只不过是他坚持此训练项目的一个节点而已。说到底他的最终目的还是维持身心健康。

一旦真正地着手解决问题，就必须将议题反复重新切换，如果仍然得不到进展，就要确立一个假设（“权当是被骗了，花上3个月时间看看项目的效果如何”）试试，说不定这个假设真的成为接近问题本质的捷径。

问题得以解决之后马上转向实践，这一线性思考（本质上是一种从自我认知出发的思考模式）是无法解决正在发生的问题的。首先付诸实践，根据从中所学重新设定议题这种螺旋式做法，才是解决问题非常有效的方法。

## 彻底进行影响力思考

很多企业针对问题进行了大量分析，但是绝大部分时间都在做无用功。细细分析并不见得就好。就像此前所阐述的那样，拆分为议题（议题分析）再加上优先顺序，“这个、这个再加上这个，如果搞清楚就可以了”，得按照这个流程来处理问题。这样一来，工作量就可以减少，只占到原来的 1/10 以下。即使往多估计的话，也可运用 80/20 法则使工作量只占到原来的 1/5。这就是影响力思考。

按照 why → what → why not yet → how 的顺序进行议题分析是基本做法。

在追问 what 的过程中，如果本来的目标看不清了，就问 why。在问 how 之前，通过问 why not yet 就能够迫近该企业特有问题的本质。

关于 how 的细节部分，在客户现场能了解得更清楚，所以不必进行过细分析，把那部分交给现场人员解决即可。

咨询顾问的作用包括如下三个方面：

- 牢牢把握全貌，不要遗漏重要议题；
- 明确推进体制和日程；

- 与经营者和现场人员一起紧紧抓住 KPI[①]。

其余的事情要依靠现场人员自主解决。让他们将其作为“自己的事情”在现场付诸实践，迅速准确地拿出结果。

这就是运用影响力思考解决问题的诀窍。

## 80/20法则的陷阱

前文介绍了 80/20 法则，在此必须触及它所暗含着的巨大陷阱这一问题。

我想诸位听过“长尾”这个词吧。按照销售排行榜的顺序画出销售额的曲线，畅销商品都处在恐龙高高的头部（迎合某一特定群体或某种特定利益），滞销商品都处在长长的尾部，故此得名。

按照以往的营销常识，当然要把经营资源集中在头部的 20% 部分，因为这部分占据了销售总量的 80%。但是，由于网购的出现，这个 80/20 法则一下子就不再灵验了。像亚马逊那样的在线零售业，就连长尾商品都能做到品种齐全地销售。于是，长尾部分的销售额实际上已经超过整个销售额的一半，人们的购买兴趣已经从畅销商品扩展到“意外发现物”和“稀罕物”。

---

① 关键绩效指标（Key Performance Indicator，KPI）：对于应该达到的目标，为了明确看到取得了多大程度的进展所选择的定量指标。以此为基础来把握每天的进展及开展改善业务工作。

解决问题如果把80/20法则当作金科玉律固守的话，就容易把目光紧盯在谁都会注意的部分上、把意外的真实（意外发现物）漏掉。

有家对此早有觉察并以在长尾部分追求价值为宗旨的企业，它就是日立制作所。该企业拥有“拾落穗精神”的传统。所谓拾落穗，是指在完成收割的麦田里，收集遗落的稻穗的行为。其引申意义是指，把所有事故的原因都毫不遗漏地搜集起来，寻求其根本性的原因，以便从根本上采取彻底的对策。这可以说是日立的品质与其备受人们信赖的支柱精神了。

依靠这种期望做到完美的精神，就能够找到容易被遗漏的真正原因。这是一种从事电力和铁路等社会基础设施事业所必须具备的宝贵精神。但是，在解决企业各种各样的问题时，如果一个一个毫不遗漏地“拾落穗”，企业就很难向前迈进。事实上，也有人讥讽日立的决策迟缓，这难道不是“拾落穗精神”所导致的吗？

但是，时至今日，“拾落穗”作为解决问题的新做法正在成为现实。这是因为通过利用物联网[①]和AI，人们能够在瞬间将所有现象作为对象开展分析并得出结果。

在数据和解析能力受到制约时代总结出来的80/20法则，其存在的意义正在逐渐丧失。

---

① 物联网（Internet of Things，IoT）：将所有物品都与互联网相连接，该物品本身也与互联网成为一体，实现信息交换、相互控制的建构。依靠云计算及人工智能的不断进展，可以预期物联网将会在各种各样的用途方面发挥重大作用。

# 解决问题由人换成了AI

在解决问题方面，人难道不是早晚都要被 AI 换掉吗？人们会产生这样的疑问。

掌握了深度学习[①]的 AI，如今已经实现了飞跃般的进化。在视觉方面，AI 与人相比已经毫不逊色。在听觉方面，AI 也已经达到了相当惊人的水平，如 AI 扬声器。

但是，五种感觉中剩下的三个，即触觉、嗅觉、味觉方面，AI 尚未达到人的水平。不过早晚有一天 AI 会充分发挥其惊人的学习能力。

除此之外，也许还有唯一一个 AI 无法掌握的能力。那是什么呢？

那就是超越五种感觉的“第六感觉”，也可以说是“直觉力”。这是一种超过以往的模型识别及逻辑的能力，也是一种预见非连续未来的能力。

这一 AI 无法追随的人类独有的能力，可以通过五种感觉与自然的交互感应进行磨炼。

① 深度学习（Deep Learning）：声音的识别、画像的特定、预测等原本由人来开展的工作交由机器人学着操作，以模仿人的神经细胞建构的系统即神经网络作为基础。向神经网络输入大量的画像、文本、声音数据等，以此形成电脑的范本，由各神经元自动学习包含在数据里的特征，据此，有时也会达到超出人类的极高精度的识别。

关于这一点，在第三部分会再度予以阐述。

## 本章总结

- 不需要把课题（议题）进行整体处理，而是要将其细分为次级议题块进行处理。
- 不需要一下子找出所有的议题答案，而是要按照其影响力和可达成速度排出优先顺序。
- 经营上最重要的影响指标是盈亏线。
- 对影响力虽然大但落实起来时间长的事件，再细化并提升其落实速度，然后就能够按照优先顺序来解决了。
- 解决问题是个螺旋式的过程。破坏之后再重新确立。
- 首先实践看看，按照从中学到的知识，重新启动解决问题的程序。
- 亚马逊长尾部分的销售额超过了一半，以往的 80/20 法则已经丧失效力。
- 通过利用 IoT 和 AI，所有的现象都能够作为对象开展瞬间分析，所以在数据收集及解析能力受到制约的时代总结出来的 80/20 法则，正在逐渐失去其存在的意义。
- 超越五种感觉的第六感觉即直觉力，是 AI 无法追随的人类独有的能力，是预测非连续未来所必需的能力。

第 5 章

# 建构力（1）：MECE 分析和逻辑树

# MECE分析

本章介绍已经被咨询界人士熟练运用的、具有代表性的两个建构。

先来介绍我们在前面章节已经稍有涉及的MECE分析。在展开分析时，最先必然会用到的重要建构就是MECE分析，意思是**“不遗漏，不重叠”**。

按MECE分析划分事物，看起来好像很简单，实际上非常难，其中“不重叠”尤其难。现实中的各种现象之间都有着千丝万缕的关联，所以，从那个方面来看可以做那样的分类，从这个方面来看也可以做这样的分类。在现实中，很多事情是不能像数学那样一下子完美地进行划分的。

那么，该怎么办呢？

咨询顾问一般会很在意是否已经把握了全局（是否有遗漏），而对**不重叠这一点就不那么敏感了**。如果有了重叠，解决问题会花费双倍工夫，但**与遗漏相比，重叠所带来的坏处要小得多**。

按MECE分析划分事物，有人举出了“男和女”的例子，但是，最近这个例子引发了争议，因为有了重叠的人。那么按照男和女来划分就变得完全没有意义了吗？也并非如此。因为按

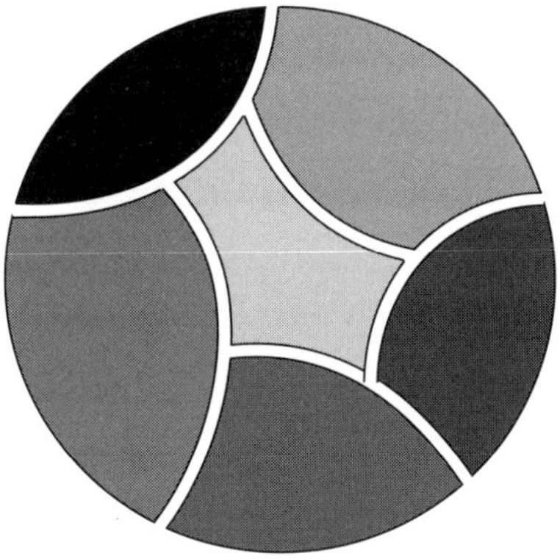

图 5-1　MECE 分析：不遗漏，不重叠

“男和女”来分类，作为第三方的“男和女相重叠的地方”这一新的范畴才得以产生。也就是说，**正是在重叠的地方，才会有新发现**。

进而言之，考虑到相互的关联性和互补性，意识到并不能进行完美划分这件事本身是非常重要的。

“这里是病灶，切除就好了。”如果能够像外科手术那样处理，的确事情会变得简单。但是，病灶与各种各样的部位相互关联，把它切除掉，问题也得不到解决，这才是现实情况。况且，如果是由于不健康的饮食习惯、压力等原因造成的，即使把病灶切掉了，也仍有复发的危险。从各种各样的角度展开分析，清晰找出因果关系，这是很重要的。

另外，必须极力排除“遗漏”。经营事业非常容易将自己的精力集中到重要的市场及自己的强项上来，从而导致视野变得狭窄。但是，新的挑战和机会大都存在于该视野之外。这就是前文提到的各个产业、各个企业特有的“盲点”。因此，必须经常注意“还有没有遗漏”。

### MECE 分析总结

- 把现象“不遗漏，不重叠”地细化。
- 没有必要完全排除“重叠”。很多时候，反倒正是在“重叠”那里才会有新发现。
- 要极力排除“遗漏”。很多时候，正是在“遗漏”的地方才有盲点。

## 逻辑树（1）：找到事业的盲点

按 MECE 分析划分事物，通常都要制作逻辑树。这是解决问题的根本中的根本。

例如，在思考营销战略时，关于目标客户，如果“不问国籍、性别、年龄，以全人类为对象”来处理的话，就完全不会有任何发现。作为出发点，首先要暂选一个轴，试着分解一下，把对象（在这里是全人类）划分为小块。这才是最初的入口。

举一个在 2000 年前后可口可乐开展过的案例。

因为是要解决问题，所以必须要有目的（课题）。可口可乐的目的就是要提升（亚特兰大总部）利润。利润是销售额减去经费，所以，可以设定销售额和经费的逻辑树（参见图 5-2）。

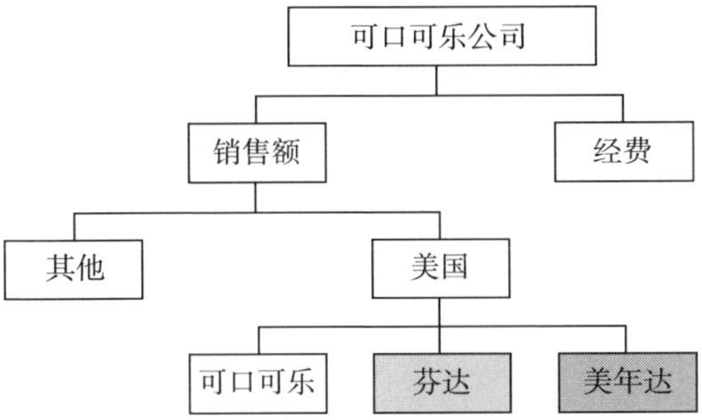


**图5-2 可口可乐销售额和经费的逻辑树**

要想提升利润，要么减少经费，要么提升销售额，或者两者兼顾。在此，假定选择了提升销售额。

首先，按MECE分析把销售地域划分为“美国”和“其他”。这虽然是以美国为中心的生硬划分方法，但完全符合MECE分析的划分原则。

其次，划分“美国”国内的销售，这样就变成“可口可乐、芬达和美年达”。这无论怎么看都不是MECE分析，因为还有很多不同品种的饮料被遗漏了。

但是，亚特兰大总部认为这样划分就可以了。为什么呢？因为正是这三种商品给可口可乐公司带来了巨大的销售额。如果只考虑销售影响的话，除这三种饮料之外，其他饮料的销售额即使没有任何提升也没关系。不，不不，这是极其功利的影响力思考实例。

在当时的美国市场，这样做应该没有问题。但是，同样的战略在日本可口可乐公司就不适用。事实上，在2000年，除了这三种饮料以外，“佐治亚”灌装咖啡、“天然水”及日本茶的销售，均获得了巨大成功。日本可口可乐公司除了主打的三种饮品之外，在以商品群策略提升销售方面也取得了巨大成功。

不久，亚特兰大总部也注意到了这件事，新总裁（刚才讲到的用逻辑树思考问题的总裁被解雇了）开始提出“向日本学习”（Look at Japan）、“日本是创新的榜样”，还指出，“至今可口可乐在人们摄取的水分中只占 5%，剩下的 20 倍的成长机会都被错失了”。这样一来，在如今的美国，除了可口可乐和芬达之外，还销售着各种各样的饮料。

也就是说，**按照 MECE 分析划分事物也是找到盲点的手段**。对不符合 MECE 分析划分原则的，以及在按 MECE 分析进行划分时斗胆割舍的，可以再一次划分，有时问题也很有可能得以解决。

**按 MECE 分析进行划分，其目的并不是将其完美无缺地划分好。有时反倒是在不能进行很好划分的时候才会看到不同的答案，这才具有价值。**

## 逻辑树（2）：遗漏分析

再举一个逻辑树的例子（参见图 5-3）。

这是关于一家零售店的例子。为提升利润，这家零售店把成本和销售按照 MECE 分析进行了划分。在此我们还是讨论提升销售额的对策。

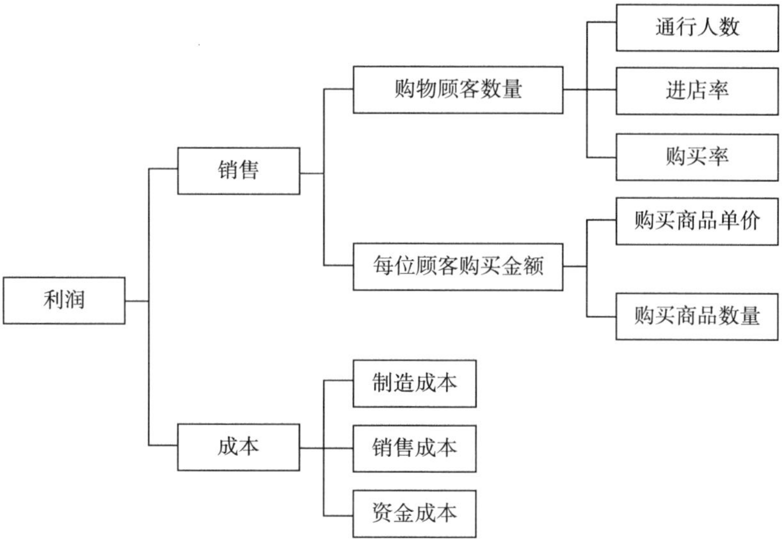


**图 5-3 零售店的逻辑树**

销售额 = 平均每位顾客的购物金额 × 购物顾客数量。分析到此，没有问题。奇怪的事情是在这之后出现的。

购物顾客数量 = 通行人数 × 进店率 × 购买率。

根据这一等式，首先要增加通行人数，也就是尽量把店开在繁华街区。零售业容易取得成功的条件除了“位置”，还是“位置”。是的，开店场所就是一切。所以，在通行人数多的、靠近路边的、一楼的店的租金最高。

要想增加进店率，必须让通行的人进入店里，也就是要招呼行人：“来，来，请进来看看，进来看看。”通常也称为“酒吧引力模型”（catch bar model）。

提高购买率与商品竞争力、价格竞争力都有密切关系，所以在这个地方使用普通办法是难以取得成功的。因此，设法增加通行人数、提高进店率的办法比较多，也比较容易见效。但是，这样做果真行得通吗？

再思考一下，发现这是非常奇怪的模型。

在通行人数多的大街上（通行人数），设法把通行的人拽进店里（进店率）。但是，通常人们不都是因为一个目的而进店的吗？如用“本日特价销售”这一方法来吸引，进店的顾客就会增多吧？

也就是说，**乍一看好像执行了 MECE 分析，但实际上完全不是 MECE 分析**。这是以偏重于人们只是偶然进店来的，而不是事先带着目的进店来的商业模式为前提的。

进而言之，购物顾客仅限于来到店里的人，而与电商及快递相互关联的全渠道零售模型等，则完全没有考虑到。净是遗漏的地方！

现在正在取得成功的零售业，并不依赖这种刹那间的“拽进式”模型。要想“增加顾客数量”，不能仅仅在路边等待顾客上门，而应该设法让零售店成为顾客的目的地，千方百计地激发顾客的购买意愿。不是生硬地拽顾客进店，而是在激发顾客购买意愿上想办法。这才真正是考验店主智慧的地方。

**逻辑树的缺点是想用逻辑去模式化，导致思考停止。**

即使是同一结果（在这个场合下就是“增加顾客数量”），也会有各种各样的模型。要将这些模型尽可能“不遗漏”地考虑到，就需要**多画几棵逻辑树**。在此基础上，能够看出这几棵不同类型的逻辑树之间的关系即可。

在这种情况下，既然要考虑顾客数量，那就应该把顾客分为老顾客和其他，并且思考“其他”的那些人为什么没有成为本店的顾客。要首先对此展开分析。这就叫作**“遗漏分析”**。

不过，也有一些人“本来就是考虑对象之外的，无论怎样做都是对象之外的”。因此，就要把“老顾客”之外的人再分为“非顾客”和“潜在顾客”。

“非顾客”就是那些绝对不可能成为顾客的人。对这些人只能放弃幻想。如果要让这些人成为顾客，就需要花费太多的投入，从而得不偿失。

与此相反，通过努力可以使其成为顾客的人叫“潜在顾客”，也就是今后的顾客。为什么他们是潜在顾客？我们对此进行原因分析：对那些人来说，是因为“我们的商品不具有吸引力”，还是因为他们“没有注意到”我们商店的存在？原因不同，采取的办法也会有很大的差别。

如果商品对他们没有吸引力，其理由可能是种类问题、价格问题，抑或是品质问题，也有可能是其他问题。以优衣库为例，顾客认为其之前品质差，并被这一印象影响，并不知道优衣库如今已经不那样了。这是曾经的顾客又重回潜在顾客的一个例子。

无论怎样，如果清楚了他们没能成为顾客的理由，就可以设定让他们成为顾客。所以，在开展“遗漏分析”的时候，要把考虑到的可能性一一列举出来。不介意 MECE 分析也没问题。总之，不管怎样先尽量把这些可能性一一用便签标出来。

例如，在优衣库的潜在顾客中，本就存在着“如果提起平常穿的衣服只会想起 SHIMAMURA[①]”等其他特定品牌的人。让这类

① SHIMAMURA：以郊外为中心设有多家店铺的服装（布料）连锁店。在日本国内仅次于优衣库，位居行业第二。

人脱离原来钟情的品牌虽然非常困难，但是，他们一旦体验了优衣库的商品，就很有可能成为非常重要的重量级用户（heavy-user）。

是否把这类人划入营销对象，要依据战略上的判断来决定。也许他们不会成为顾客的可能性更大。但是，不要一开始就将这些人割舍掉，首先要列举出所有的可能性，这是非常重要的。

### 逻辑树总结

- 沿着 MECE 分析的切入点，制作逻辑树。
- 即使暂且做出了一棵逻辑树，也不要停止思考，尽可能试着多画一些逻辑树。
- 检查是否有从逻辑树中遗漏掉的事物，关注重要的遗漏部分。例如，不只关注“老顾客”，也要关注“潜在顾客”（不过，要把“非顾客”放在思考对象之外）。

## 议题树（1）：生产现场的MECE分析

关于 MECE 分析，这回用议题树来思考一下看看吧。逻辑树是为了将顾客及销售等一整块按照逻辑来细分的工具。与此相反，**议题树是将议题（课题）具体化的工具**。

在此以生产现场为例。思考在制造产品的议题树里，是否通过加进机器人等手段来提高收益（参见图 5-4）。

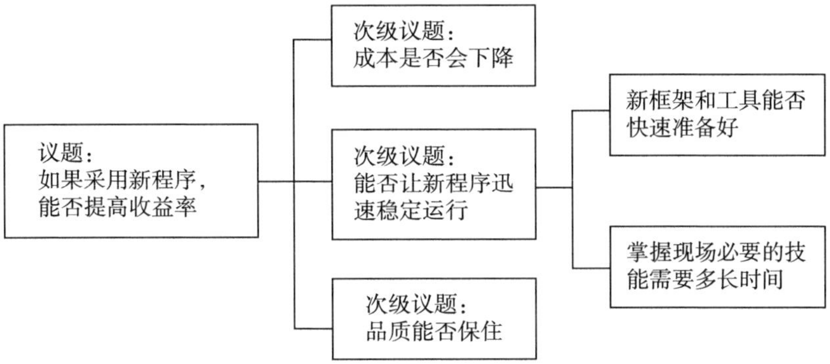


**图 5-4　生产现场议题树**

经营者首先想到的是，通过此举“成本是否会下降”这一处于最上面的次级议题。另一方面，现场依然最重视品质。因此，“品质能否保住”这个最下面的次级议题也就出现了。

熟知生产现场的人们抱有“能否让新程序迅速稳定运行”这样的疑问。这个是正中间的次级议题。

提起收益性，人们很容易就会把成本当作议题，其实还有其他应该考虑的事情。其中最容易被人忽视但又非常重要的是怎样才能尽快稳定下来。例如，大张旗鼓地开展电动汽车（EV）生产的特斯拉①，在生产现场无法很好地操控机器人，导致为了实现量产而费尽周折。那么，要想迅速提升生产效率，什么才是议题呢？

人们的技能（在现场学会的事情，如操控机器人等）到底能达到什么程度？时间到底需要多久？有无迅速掌握的框架和手

① 特斯拉（Tesla）：由埃隆・马斯克（Elon Musk）率领、设在美国硅谷的生产/销售电动汽车及其零部件、太阳能集热板等产品的汽车公司。

段？按此可以把关于生产效率的议题分成人的系列和工具的系列两个方面的次级议题看看。

不过，有人说这个议题树并非MECE分析，理由是看不出来它到底能否与提高销售联系在一起。但是，成本、品质、生产效率与销售密切相关，如果成本上升了，或者品质下降了，或者生产效率下降了，销售肯定会下滑。销售和成本不是两个独立函数。并且，在这里无非是想解决生产方面的课题，如果把讨论扩展到销售方面的话，焦点就模糊不清了。

生产方面的主要判断标准是QCD，即品质（quality）、成本（cost）和交付（delivery）。当然，安全（safety）是大前提。

在这三者之中，成本当然重要，但是，另外两个标准根据情况的不同有时会变得比成本更重要。为什么呢？品质和交付速度方面出现的问题，会给销售带来重大影响。而且，为了提升品质而花费的时间、降低的生产效率，本身就属于成本的范畴。从这个意义上来看，QCD这一判断标准也并非独立函数，而是和其他要素密切关联的。

总公司的计算管理专家在说起生产的时候总是把着眼点只放在成本上，但是，在制造产品方面业务精湛的现场专家，对品质和交付速度也会非常重视。而且，这个案例把焦点尤其对准了交付速度部分。

要想对机器人的操控按照预想在现场稳定下来，什么才是必要的呢？其中，人掌握技能需要花费时间，这是大家都清楚的。要想弥补这一点，就需要有工具和框架。因此，制作生产现场议题树的生产现场的负责人，就要考虑对工具和框架进行深入挖掘。

在解决生产现场的课题时，对于 QCD 这一切入点，MECE 分析既是必要条件也是充分条件。而且，通过把焦点对准交付速度而不是成本，就能够深入挖掘总部容易忽略的本质性课题（盲点）。

## 议题树（2）：通过错移开创新事业

下面我想举一个同样是以引入机器人为课题的新产业的例子。为了讨论是否应该开展机器人事业，我以“金字塔建构”为例展开分析（参见图 5-5）。

时常听到这种提议，即“本公司应该进入机器人事业领域”。问为什么，回答是：“因为市场在不断扩大，竞争还未兴起，本公司有这方面的技术。”乍一听，貌似是一个非常合理的三段论。对此我经常要问的是：“这样的提议如果在经营会议上有人提出来了，你能对此表示同意吗？”

这个逻辑果真就正确吗？没有什么遗漏吗？

姑且把该课题用顾客（customer）、竞争（competitor）和自己的公司（company）3 个 C 来切分。这就是后文将要介绍的常用分析框架之一的“3C 分析”。但是，如果市场真的是在不断扩大，只有自己的公司在向其靠近，这样只站在自己角度想出来的事情果真会有吗？通常情况下肯定没有。

说不定竞争关系早已以各种各样的形式存在了。如果真的还没有出现，实际上市场也就不会存在，或者根本赚不到钱。

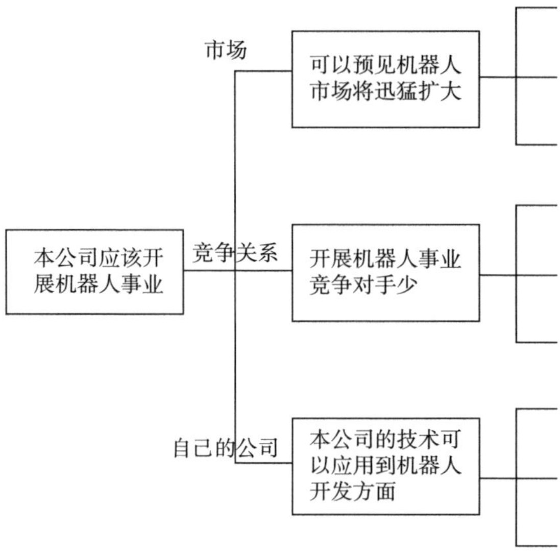


**图 5-5　新产业引入机器人议题树**

从自己角度想出来的好事，首先就应对其表示怀疑，这是铁律（固定做法）。

实际上，这是发生在某家企业的真实案例，距今 20 多年了。该企业开发的是护理机器人。它以最初设定的假设为基础，断然开展产业开发，结果……

的确，该企业拥有技术，竞争对手也还没有出现，但最要命的是没有市场，被护理的人还不能接受被机器人护理。

那种只从自己角度想出来的好事当然是鸡飞蛋打一场空了。企业当时就应该对这一想法表示怀疑……

这里还有后续故事，那家开发护理机器人的企业后来获得了巨大成功。但是，让他们取得巨大成功的不是护理机器人，而是辅助护理人员腰和腿的“机器人”——强化服。

虽然最初失败了，但企业并没有退缩，仍在那里付出努力，于是就发现了“错移”的市场。

如果在最初就得出了“那种好事不可能有”这种行不通的结论，就真的与巨大商机擦肩而过了。的确，最初的假设是错了。但是，从失败中学习，反复设定 Day2、Day3 假设，最终取得了巨大成功。

**假设是为验证而设定的**。并且，如果认识到假设是错的，只要对其修正就可以了。

**把市场“错移”，把自己的长处“错移”，这些“错移”非常有效**。关于这一点，后文还会再阐述。

## 议题树总结

- 把议题按 MECE 分析的轴线分解为次级议题，设定假设。
- 那时，在生产现场利用 QCD、在把握市场竞争环境方面利用“3C 分析”等切入点会发挥作用。
- 验证假设，如果错了，就通过“错移”予以修正。

第 6 章

# 建构力（2）：常用框架

在第 5 章的后半部分讲到“3C 分析”时提到了“框架”，现在我们就开始介绍框架。

**在把问题建构化为 MECE 分析的时候可以使用框架**。已经成为固定的框架也大都按照 MECE 分析来介绍。

在这里，虽说与普通的框架解说稍有不同，但其实我想传授给大家的是，不掉进框架圈套的方法。

## 常用框架（1）：PEST分析

首先介绍 **PEST 分析**（参见图 6-1）。PEST 取了政治（politics）、经济（economics）、社会 / 文化（socio-cultural）和技术（technological）的首字母，在把握世间重大环境变化、进行宏观分析[①]时经常会用到这一分析框架。

说到环境变化，通常来说，工程师会关注技术创新，市场人士会关注社会 / 文化的变化，经营者会关注经济环境的变化。因此，作为尽可能大范围地观察世间正在发生的变化的框架，PEST 分析经常在宏观分析时被用到。

不过，在多数情况下，PEST 分析也仅是一个对各种因素进行单纯梳理的框架，从这一框架中不可能得出新的洞察结果。

① 宏观分析：通过对国民收入、物价水平等关乎经济整体的指标进行定量分析 / 综合，从整个经济社会的运行中找出规律性的理论，是相对于微观分析（针对个别的产品 / 生产要素的需求 / 供给、市场均衡展开分析）而言的。

| | 应该回答的问题 | 主要的项目 |
|---|---|---|
| 政治方面 politics | 政局及法律、规则的变化将给事业带来怎样的影响 | 法律、规则、政府、相关团体、公平竞争 |
| 经济方面 economics | 从短期和长期两个方面来看经济变化给事业带来了哪些影响（特别是在开展国际营销时需要重点讨论） | 经济运行情况、价格变动、储蓄率、汇率、利率 |
| 社会 / 文化方面 socio-cultural | 社会及文化给事业带来了哪些影响 | 社会舆情、受教育水平、生活方式、宗教、社会规范、总人口、年龄结构等 |
| 技术方面 technological | 技术给产业带来了哪些影响 | 技术创新、专利、生产技术、汇兑技术 |

**图 6-1　PEST 分析**

虽说如此，PEST 分析在观察宏观趋势方面还是能够发挥其应有作用的。尤其在把握非连续性的环境变化时，对此前的常识不再通用的未知市场并对其进行验证时，这个框架使用起来也比较方便。

## PEST 分析总结

- 作为梳理宏观环境的框架，PEST 分析是可以发挥作用的。
- 不过，从 PEST 分析中得不到什么新的洞察结果，充其量只是确认发生了哪些变化，只不过是提炼具有自己公司特色的战略的起跑线而已。

# 常用框架（2）：SWOT分析

SWOT 分析也是被人们熟知的框架，它以内部环境和外部环境为对象，内部环境的正面是优势（strength），负面是劣势（weakness）；外部环境的正面是机会（opportunity），负面是威胁（threat），这四个英文单词首字母合起来就是 SWOT（参见图 6-2）。把它们**各自从正面和负面来观察**，也就形成了 MECE 分析的结构。

实际上，SWOT 分析只是对影响因素进行梳理，从中不会产生出什么新的事物。所以，咨询领域的人不会做这样的框架。

进入咨询阶段，普通的分析可以由客户企业来做。这个 SWOT 分析也是如此，可以让客户企业先把自身的情况分别写在四个象限上。

| | | 外部环境 | |
|---|---|---|---|
| | | 机会 opportunity | 威胁 threat |
| 内部环境 | 优势 strength | 充分发挥优势，将机会最大限度活用 | 充分发挥优势，规避或者击溃威胁 |
| | 劣势 weakness | 把劣势转为机会，为抓住机会做出改善 / 补充 | 规避最糟的事态 |

图 6-2　SWOT 分析

在进行 SWOT 分析时请注意，**只是将公司的情况分为四个方**

**面排列的话，没有任何意义**。因为那只是单纯的状况描述。要像图 6-2 那样把 SWOT 分析做成矩阵将其建构化，才能从中得出这一做法的意义及下一步行动方法的假设。

实际上，将公司情况做成图 6-2 那样时，几乎所有公司都会在意左上和右下部分。一方面，有利的外部环境及自己公司具有优势的 SO 领域是最应该被关注的领域，这是决定胜负之关键。另一方面，在受到外部威胁且属自己公司劣势的 WT 领域，是最应该保持警戒的领域。当然，很多时候在这里都铺设好了警戒网（制订好了防范预案）。反过来说，**容易遗漏的是左下和右上部分**。

对于左下的 WO 领域，尽管环境朝着那个方向转化，但在这里自己公司没有优势。通常情况下，在这里容易放弃。但是，通过非连续的打法，例如并购及与其他公司携手，这里也许就会有优势，也就是向左上的 SO 领域转化。

右上的 ST 领域，虽是自己公司的优势部分，但也是容易受到外部威胁的领域，是规则改变者（game-changer，改变行业生态环境或颠覆行业规则的人）最容易闯入的地方，也是自己公司最难以出手解决的地方。越是想守住此前的优势就越容易将其变成劣势。虽说如此，要否定自己公司的优势也的确非常困难。实际上**最大的盲点不是右下而是这里**。这里也是哈佛大学的克莱顿·克里斯坦森教授[①]称为“创新者的

---

① 克莱顿·克里斯坦森（Clayton Christensen）：美国哈佛商学院教授，其最初的代表作《创新者的窘境》（*The Innovator's Dilemma: When New Technologies Cause Great Firms to Fail*）确立了“破坏性的创新”这一理论，他因此闻名于世，成为关于企业创新研究的权威。

困境”的要害部位。

那么，在这个地方采用什么办法才有效呢？

**克里斯坦森教授一语道破，对抗破坏性的侵入者（disruptor）的唯一方法就是成为自我破坏者（self-disruptor）。也就是说，自己成为破坏者，敢于在自己公司内部建立一支能够绞住自己脖子的队伍。**据此发起下一轮创新，就能够消除空白地带。

## IBM 的创新者困境①

以 20 世纪 90 年代初期的 IBM 为例。当时，曾依靠大型主机（企业等组织使用的大型电脑）风靡世界的 IBM 陷入了濒临破产的境地。

在客户服务器这一轻量型系统出现之前，IBM 极力守护自己处于优势地位的大型主机市场，持续固守在左上的位置。确实，在性能方面，大型主机拥有压倒性优势。但是，企业的大多数业务仅靠服务器就能够充分应对，而且两者在价格方面相差悬殊，与大型主机相比，服务器便宜得出奇。再加上作为客户机的 PC 性能开始飞速提升，多数业务软件再也没有依赖作为中心机的大型主机的必要了。

这正是创新者的困境。IBM 正是因为自己的大型主机拥有卓越的技术，即使那些看起来弱小的新进入者前来攻击，IBM 也根

① 创新者的困境：由克莱顿·克里斯坦森于 1997 年提出，对于大型传统企业在新兴企业面前失去竞争力的原因给出了解释。他所提出的企业经营理论给传统的以市场定位为中心的经营战略理论带来了冲击。

本没有把它们放在眼里。IBM 实在没有料到自己竟然会败在它们面前。

关于左下领域，IBM 开始着手开发 UNIX 系列的开放式服务器。如果当时与太阳微电子公司（Sun Microsystems）等迅猛发展的新兴势力结成联盟并积极推进的话，也许能够迅速挽回局面。

关于右上领域，在远离 IBM 总部的佛罗里达，PC 开发团队开始投入战斗。这完全是一支自我破坏型的别动队，是完全用理论武装起来的团队。他们开发出了以 Think Pad 为名的广受好评、性能卓越的 PC 产品。

但是，对 IBM 来说，PC 终究是非主流产业。过了十多年之后，IBM 还是将其卖给了中国联想。

从结果来看，IBM 当时抱着必死的决心守护左上属于自己的本业，最终却招致了衰退。这种情况不仅限于 IBM，而是普遍现象。一被进攻，就躲进自己的优势里，结果却招致失败。

的确，左上领域是投资利润最为丰厚的地方。不过，那是因为外部环境不断提供了“机会”。随着那个“机会”蛋糕越来越小，如果还继续顽固地守在那里，自己本身就会变得越来越小。

所以，**在进行 SWOT 分析时，不能把精力完全投在理所当然的那个领域里。守住普通人想不到的对面的领域才是非常重要的。**

### SWOT 分析总结

- SWOT 分析大多以单纯地梳理（基于现状的认识）而结束。
- 在 SWOT 分析时，不应只盯住理所当然的“优势 × 机会”及“劣势 × 威胁”，而应该盯住“劣势 × 机会”和“优势 × 威胁”。
- 在“劣势 × 机会”那里，并购或结成联盟是有效办法。
- 在“优势 × 威胁”那里，通过以“自我破坏”为目的的别动队进行对抗。

## 常用框架（3）：3C分析

作为议题树的例子出现过的 3C 分析，虽然看起来是非常有趣的框架，但它只是一种把顾客（customer）、竞争对手（competitor）和公司（company）进行独立记述的方法，只不过是普通的 3C 分析。

姑且将市场分为需求（customer）和供给，再把供给分为其他公司（competitor）和自己公司（company）。乍一看，这与 MECE 分析的结构很相似，但实际上这根本就谈不上是 MECE 分析，因为遗漏过多。在这里，即使不考虑重叠也没关系，甚至可以说，**重要的是找到重叠的部分**。

正是出于这一原因，我们把三个环重叠起来看看。图 6-3 对此做出了表述。

三个环被分成了七个部分。再加上它们的外侧，一共八个部分，将它们从 a 到 h 编上符号。这样一来，就完全符合 MECE 分析了，且便于我们做深入的观察。例如，在这之中，最有魅力的市场是哪里？对于这个问题应该会有不同的看法。

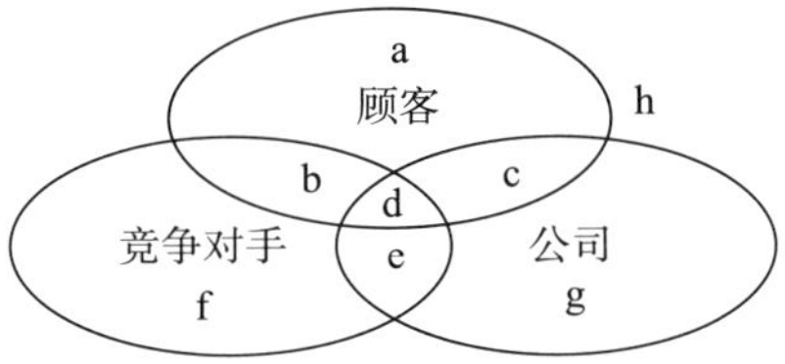


**图 6-3　3C 分析**

例如，有人会提出是 d 区域。顾客、竞争对手和自己公司都在这里相会。虽然是红海的中心地带，但在多数情况下，这里都是那个时点的最大市场。挑起一场恶战最后胜出的公司是 d 区域。我将其称为“街头霸王”（street fighter）。

也会有人提出是 c 区域。客户和自己公司相会，竞争对手不在，正好是蓝海。我称其为“蜜月区”（honeymoon zone）。

不过，那样的好事通常不会出现。请大家回忆一下前文所讲的护理机器人的案例。而且，即使出现了，也马上就会有竞争对手进入，这里也就变成了 d 区域。蓝海在很多情况下都只是幻想，或者仅是一场黄粱美梦。所以，“蜜月区”那种状况不会持续多长时间。

b 区域与 c 区域正好相反。从自己公司角度来看，是很好的目标，于是冲进竞争对手独占大部分利益的地方。如果是那样的话，这里结果也会变成主战场 d 区域。

头脑清晰的市场人士会瞄准 a 区域。虽然顾客有需求，但是谁也没有拿出方案来满足顾客。如果能够抢在其他公司前面占领这个地方的话，这里就会成为理想的 c 区域。

也许还会有人提出 g 区域。虽然现在还没有顾客，但如果能够很好地吸引顾客的话，这里就会变成 c 区域。这正是“技术实力重于市场需求”（product out）的企业策略。大部分的开发者都在这里打造出精品，等待顾客上门。

f 区域就是 g 区域的镜像（mirror image），也就是潜在客户层。这里也是将来有可能转化为 d 区域的地方，所以不能忽视。

那么 e 区域应该怎么解释呢？ e 区域是竞争对手和自己公司展开白刃战、最重要的顾客却不在的地方。看起来像是在打徒劳战。但是，多家企业围绕技术开发展开的激烈竞争，使技术得到打磨，所以这里市场化的可能性要远远高出 g 区域和 f 区域。例如，在碳纤维市场出现前的近 50 年里，这个领域都一直在蓄势待发。

h 区域是比 e 区域还遥远的区域，是将来的 g 区域及 c 区域的候补。大部分研究者都在探索这一区域的市场化。在资本市场只追逐短期利益的现实情况下，对这一领域开展投资的企业不断减少。反过来看，就像曾经的半导体和 LED（发光二极管）那样，对那些把眼光锁定这里的企业来说，很可能会抓住难以想象的巨大成长机会。

如上所述，**在 3C 分析中，关注重叠的部分是第一步**。然后，通过模拟顾客、竞争对手及自己公司今后的动态，会得到各种各样的洞察结果。

### 3C 分析总结

- 把市场按照顾客、竞争对手和自己公司三条轴切割的 3C 分析，如果把它们各自作为独立函数来分析的话没有任何意义。
- 关注三者的重叠及其动态，才能够洞察市场的动态。不是分析现状，预测未来才是制定战略的关键。
- 蓝海绝对不会长久。因此，实力（即使身处红海也能胜出）和努力（创造新的蓝海）犹如车之两轮，同等重要。

## 常用框架（4）：5F分析

在有名的框架中，有与 SWOT 分析一样几乎咨询顾问都会用到的框架，其中之一就是迈克尔·波特提出的 5F 分析（参照图 6-4）。它的目的在于了解企业所受到的威胁，清楚行业的收益结构，通过把企业的竞争因素（威胁）分为五类，推导出自己公司的竞争优势。以下便是这五个因素：

- 已有竞争对手；
- 新进入的企业；
- 替代品；
- 卖方的交涉能力；
- 买方的交涉能力。

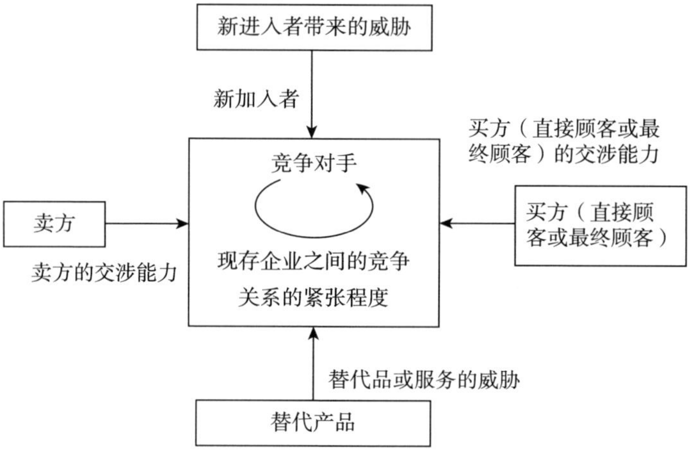


**图 6–4　迈克尔 · 波特的 5F 分析**

我自己绝对不使用它，因为通过这个分析，整体结构虽然能够看清楚，但是也不会产生什么新的事物，只不过是描述现状而已。

不过，5F 分析可以成为一个抓手。例如，要想改变某一状况，只要撬动了某个杠杆就可以。此时 5F 分析可以成为思考这件事情的出发点。

迈克尔·波特是把零和博弈[①]作为 5F 分析的前提的。也就是说，只要是采取“竞争战略”的人，就会展开各种各样的竞争，抢夺市场的蛋糕。

如果是成熟的市场和单纯的成长市场，这一方法也会在某种

① 零和博弈：如果有哪一方获得了利益，就会有另一方受到相应的损失。在多个局中人相互影响的状况下，博弈各方的收益和损失相加总和永远为“零”。

程度上有其意义，但是，对于创造出全新市场的价格战博弈，以及破坏已有市场动态的非连续性打法，这个方法就行不通。

在这一框架中，把顾客和卖方设定为相互争夺剩余利润的对手。但是，如今，**顾客和卖方共同创造新市场已经成为最前沿的战略课题**，进而，如何与竞争对手联手开展开放式创新也已成为重要课题。

古典的竞争战略框架已经落后于时代。

### 5F 分析总结

- 5F 分析可以用来梳理现状，但是不能将其作为制定战略的前提。
- 在追求非连续性成长方面，顾客、卖方、竞争对手等不是展开“竞争”的关系，而是站在如何“共创”这一视角考虑问题的。

## 常用框架（5）：价值链

“价值链”是迈克尔·波特在其第二本著作《竞争优势》中提出的有名框架。但是，这一框架也有很大的局限性，按照他的叙述，现实中几乎无法使用。为什么呢？因为这个框架的视野仅局限于自己公司内部的事情。

如今，在设计价值链时，必须首先了解整个行业的结构。在此基础之上，通过构建自己的价值链[①]，考虑什么由自己公司开展，什么外包出去，什么共同创造，这一视角非常重要。但**坦率地讲，设定自己完成的波特模型已经落后于时代了。**

通过举例将现状进行整理，这样做并非没有用。但若只是把普通的功能排列起来的话，就不会有任何发现。在那里（价值链里）怎样做出改变，才是需要考验智慧的地方。

首先要思考，价值链上有没有严重不足的地方，例如，从顾客的角度来看，购买一个产品后，按照使用产品的时候、不需要产品的时候、想要产品升级的时候等来设置，类似这样的价值链是否完整。实际上，产品价值链尚未完善的情况很多。从产业结构来看，中间流通环节（批发）及物流等不必要或效率低下的环节依然不少。

如前所述，针对“什么由自己开展，什么外包出去”而做出的判断，才是设计价值链时最为关键的要点。

### 价值链总结

- 不要把价值链限定在仅考虑自己公司的活动上，要从顾客和整个产业的视角广泛地重新设计。
- 在此基础上，对“加上什么”“减去什么”，以及“是自己来做”还是“交给他人做”等展开富有创意的重新设计。

① 价值链：是迈克尔·波特（Michael E.Porter，1947— ）在其著作《竞争优势》（1985年出版）中使用的词语。从原材料及零部件的采购到产品制造加工、出厂配送、营销、面向客户（消费者）的销售、售后服务（客户服务）的一系列事业活动，不是当作一个个环节的集合体，而是当作价值（value）的链条（chain）来思考。

# 常用框架（6）：安索夫成长矩阵

**把市场和商品分为两条轴线，再把它们按照原有和新建划分**。于是，“2×2”这样极其简明的矩阵就形成了。这个名为“安索夫成长矩阵”[①]（参见图 6-5）的框架早在 20 世纪 50 年代就提出来了，虽然比迈克尔·波特提出的框架还早许多年，但是至今仍未褪色，用起来很方便。

我们结合图 6-5 来分析，企业当然首先要在左下的“原有产品”的“原有市场”中努力挖掘。不过，那里存在极限，因此要开展新产品、新市场的新事业，也就是要想到右上的飞地。

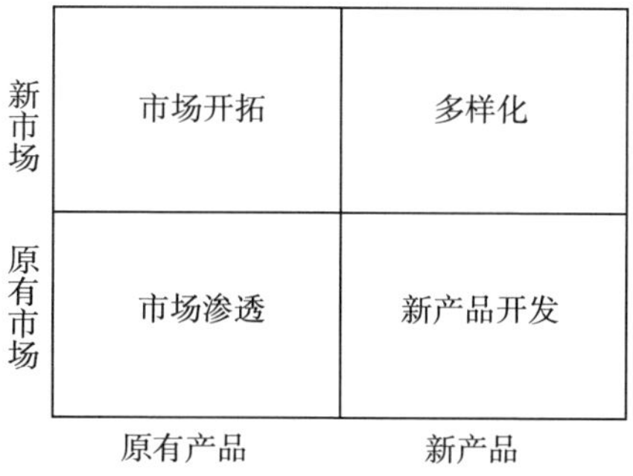


**图 6-5　安索夫成长矩阵**

① 安索夫成长矩阵：安索夫（H. Igor Anssof，1918—2002），战略管理的鼻祖。将事业的成长置于“产品”和“市场”两条轴线上，从这两条轴线上又分出“原有”和“新建”，以此简明表达企业的成长战略，被人们称为“安索夫成长矩阵”。

但是，在那里几乎肯定是要失败的，因为产品、市场都没有一点线索。泡沫经济的时候，许多大企业都因此引火烧身。

**不是猛然奔向多样化，而是往右或往上“错移”一格**，这是这个框架给出的信息。如果两条轴线都错开了，成功的可能性永远是零。但是，如果只错开一条轴线，成功的可能性就会有50%，所以才能够把现在具有优势的市场或产品作为立足之地。

在此基础上，把那里作为新的立足之地，再往上或往右错移。从结果来看，就会到达右上的“新的事业领域”。从左下以50% 的概率错移两格，总的概率单纯计算是 25%；如果想要一举斜跳，成功率为 0%。因此，虽然只是多走了一步，但成功率得到大幅提升。

通过把自己的优势错移产生新的事业，我称其为**“扩业”**。与奔向飞地开展新事业相比，这样能够稳健地向前推进新事业。

而且，**相对于想要猛然实现多样化，错移一格实现扩业才是目标，这才是安索夫成长矩阵的真正价值所在。**

## 依靠“错移”实现创新

在长达 60 多年的时间里，有一家一直以安索夫成长矩阵为导向孜孜以求的企业，它就是日东电工公司。该公司将安索夫成长矩阵称为“三新活动”。所谓“三新活动”，也就是将向上或向右错移的活动成功开展三场，最后到达右上的过程（参见图 6-6）。结果，这家公司经常推出新产品，其销售额的35% ～ 40% 都是新产品实现的。

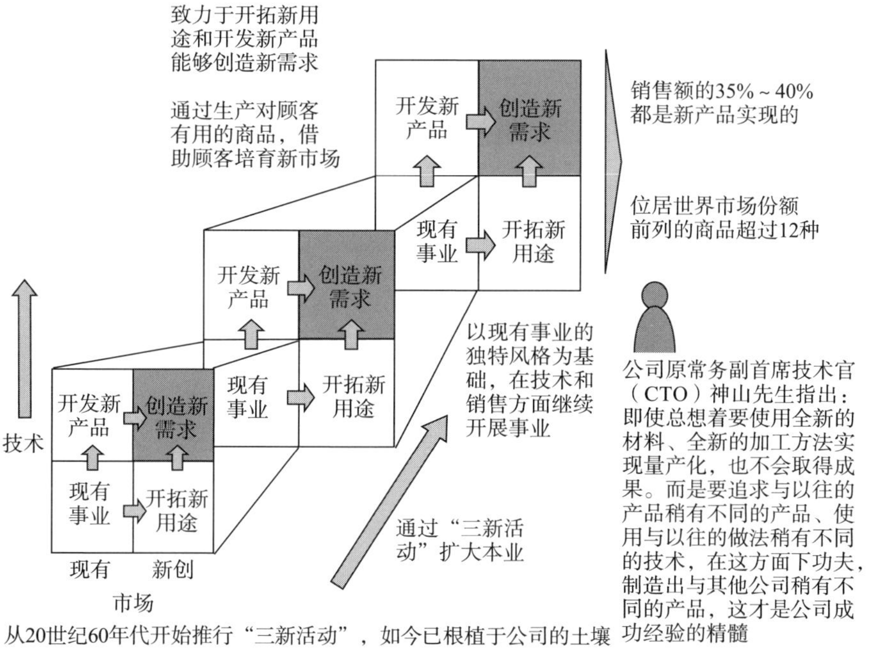


**图 6-6　日东电工的三新活动**

这就是把美国一家公司偶然“发明”了报事贴[①]那样的技法，落实为更加有组织的建构。

如此说来，日东电工也与该公司一样，以“涂”和“贴”这类技术为优势。通过“三新活动”，日东电工以既有商品工业用胶带为出发点，接连开发出医疗用胶带等新商品和新市场。在此稍微具体地介绍一下（参见图 6-7）。

① 报事贴、便条纸（Post-it）：1968 年，美国 3M 公司中央研究所的 Spencer Silver 博士接受委托开发接合力强的黏着剂，在试验过程中，他试制出了一种非常奇妙的“容易粘贴上又容易揭下来”的物品。虽然很明显不是成功的作品，但是他产生了“能否开发出什么新的用途”这一想法，这才有了今天容易撕开的附有黏着剂的记录（记事）便条纸。

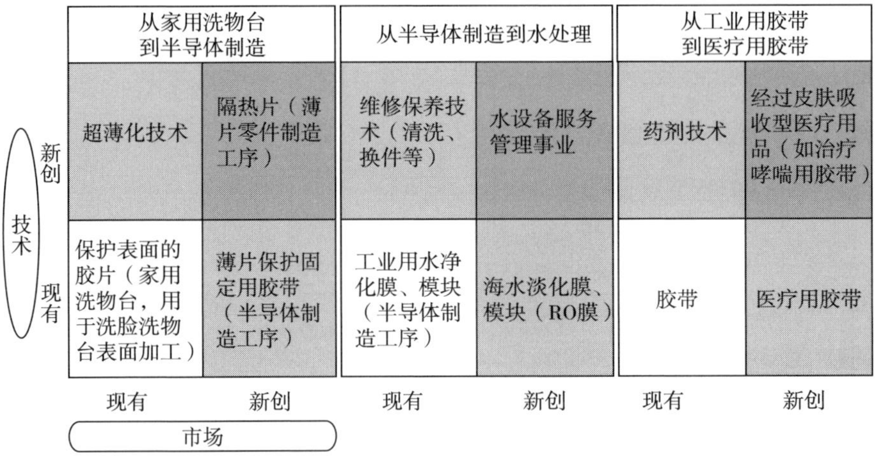


**图 6-7　日东电工的“三新活动”事例**

日东电工以前生产土木工程用的胶带，主要在桥梁等建设工程中起到临时固定作用。不过，若胶带只是能够固定物体的话，则体现不出日东电工的能力。因此，日东电工为胶带增加了涂上涂料的功能，并在原有市场投入了这种新产品。这是该公司开展的“一新”活动。

另外，日东电工发现，临时固定用的胶带在医疗领域这一完全不同的市场中也会有很大需求。比如，在外科手术中，在缝针之前能够稍稍临时固定手术部位的胶带肯定会派上大用场。因此，土木工程中使用的临时固定胶带就被用到了外科医疗领域。也就是说，原有商品打进了新市场。这是该公司开展的“二新”活动。

就这样，逐渐向右上区域错移，最终制造出的产品取得了巨大成功。该产品就是贴在胸部治疗小儿哮喘的药用胶布妥洛特罗贴剂[①]。该公司利用把药物涂在布料上的技术，制造出了把药物渗透进胶带里的产品。这是该公司开展的“三新”活动。

并不是从一开始就瞄准右上区域，而是通过错移一步，看到了新的天地。这是日东电工取得成功的要点。

日东电工通过持续开展这样的活动，开拓出了各种各样的新市场，也开发出了新技术。就像这样，**通过重复“错移”行为，把新事业扩展到当初完全没有想象到的领域**。这就是日东电工近几十年来的发展历史，也是企业发挥自己的优势开展创新的基本技法。

**把市场或技术进行错移的创新，无论对什么样的企业都非常有效**。作为简单却充满活力的框架，希望所有的企业都能够活用安索夫成长矩阵。

## 富士胶片的“过道走廊”

下面来看富士胶片的例子。

富士胶片当初也想利用安索夫成长矩阵开拓新事业。但是，即使把原有的产品和市场错移出一个格子也难以找到答案。因此，想出的是“3×3”的矩阵（参见图6-8）。在走到相邻的格子之前，把产品、市场进行因素分解，将其再组合得出的格子放

① 妥洛特罗贴剂（hokunalin®tape）：1998年，雅培（Abbott）日本子公司（Abbott Japan）与日东电工（Nitto）公司共同成功开发世界首例治疗哮喘的外敷贴剂。在黏着剂中加入具有扩张支气管效果的妥洛特罗（Tulobuterol）这种药物，将贴剂贴在身体上，药物经过皮肤吸收，随着血液流向全身，起到扩张支气管、让呼吸顺畅的疗效。

在正中间的位置。

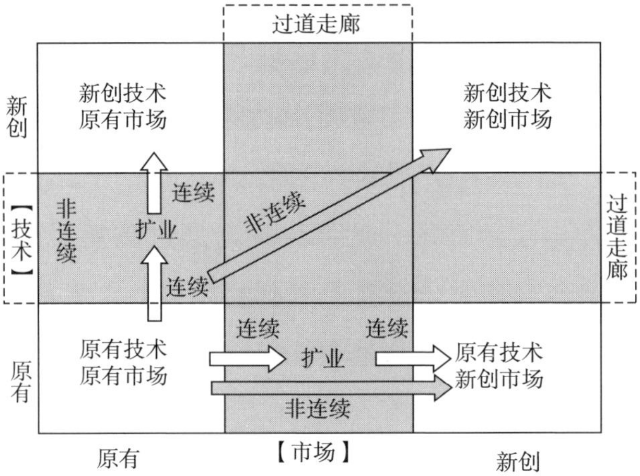


**图 6-8　富士胶片的成长矩阵**

例如，从相机胶片中不可能一下子变出化妆品。在脸上涂抹胶片材料与涂抹象征时髦的化妆品原本也不相匹配。

因此，首先在正中间的格子里分解出相机胶片的要素——技术，从中抽出胶原蛋白及纳米技术等核心技术。这些技术糅合在一起，探索到了“抗衰”（anti-aging）这一关键词。

在化妆品市场，中老年女性顾客的“抗衰”需求开始上升。于是，有别于普通为了打扮的化妆品，而是要进入功能性化妆品这一快速成长的市场，这样一个大胆的设想就产生了。因此，富士胶片固有的技术成了打动消费者的巨大优势。

富士胶片称像这样的正中间的格子为“过道走廊”，它在以更加灵活的构想把产品和市场“错移”再“连接”的活动中发挥了重大作用。

在过道走廊处，通过把技术和市场进行因素分解，再设法对接起来。一旦把自己拥有的事物很好地进行分解，即使不能马上得到广泛应用，也容易变换为下一个事物。

**在把自己公司的核心能力（技术）朝着更深层次进行因素分解的同时，就可以把市场需求细化，从而看清扩业区域。**这不仅限于富士胶片，各种各样的企业都能应用此方法。

**“过道走廊”把“飞地”和“本业”“连接”起来。**对以相机胶片为本业的富士胶片来说，化妆品事业是一片极端的飞地。然而，公司拥有的核心能力（技术）在这片飞地上得到了活用，探索出了一条“狼道”。这样一来，就产生了“ASTALIFT”[①]这一品牌的新事业。

富士胶片的首席执行官古森重隆认为，化妆品事业是超越相机胶片的“第二次创业”。化妆品事业一看就知道是片飞地，富士胶片通过充分发挥自己公司所拥有的优势，不拘泥于胶片，沿着“过道走廊”向新事业发起挑战。古森先生想通过此举在整个公司弘扬这种精神。

## 安索夫成长矩阵总结

- 把市场和商品做成两条轴线，各自又分为原有和新创，从而得到“2×2”的矩阵。不过，要想一口气飞到“新 × 新”的领域，由于不具备那么强大

① ASTALIFT：富士胶片公司充分利用其在照相器材的研发中培育起来的“纳米技术”“胶原蛋白技术”“抗氧化技术”“光解析 / 控制技术”，于 2007 年开发推出的系列化妆品。

的优势，肯定会招致失败。

- 把一条轴线置于原有位置，把另外一条轴线向新创错移，创新的成功率就会大大提升。
- 通过做成比安索夫成长矩阵还要高级的“3×3”的矩阵，把“过道走廊”置于中间，就可以看出进化的“狼道”。

## 矩阵的力量

我想在介绍安索夫成长矩阵的同时也介绍一下矩阵的威力。

咨询顾问在开展工作之初，必然要有抓手，那就是画矩阵，并且是两个维度的矩阵（画成三个维度的话就不容易看懂了）。

在这里重要的是两条轴线。从轴线如何选取就可以得知几乎所有的答案，即使这样说也丝毫不夸张。**轴线决定胜负**。最符合目的、最容易找到感觉的轴线是什么？每一位咨询顾问都要挖空心思地思考这个问题。

最徒劳无益的轴线取法，是取了两条表现出同样动态的轴线，或者是取了两条相互影响的轴线。在麦肯锡，经常将其称为“蚯蚓的性交”。

例如，年龄和知识经验通常处于正比例关系（不过，偶尔也有岁数在变大却越来越无知的人），所以，这两个指标不能同时作为轴线。反过来，年龄增长和体力通常处于反比例关系（这个也有反常情况，有些经营者岁数越大越精神，真的让人很吃惊），所以，这两个也不能同时作为轴线。

## 价值与成本的矩阵

但是，经过判断后得知，初看就容易被认为是处于正比例或反比例关系的两条轴线，实际上也存在相互独立的情况。在那里潜藏着很多以往常识中的盲点。

例如，价值与成本的关系。在通常情况下，如果想要提升价值，成本就会提高。反过来，如果想要压低成本，价值也难以提升。当然，价值低、成本高的产品确切无疑会被淘汰。迈克尔·波特的竞争战略，将两者的关系作为明确的对立项予以定位。

波特将**诉求价值的“差别化战略”、追求成本竞争力的“成本战略”，**以及不与其他竞争对手竞争、以隐蔽的小规模市场为目标的**“利基战略”**合在一起，并给出了为了确立竞争优势的三个制胜模型的定位。但是，在此，兼顾差别化和成本竞争力的战略，犹如同时追赶两只兔子会半途而废，必然走向失败。所以，结论是这两个战略要严格分开，必须做出二者择一的决断。

乍一看，很容易明白。但是，这样的结论过于想当然。什么弯弯绕也没有。一方面，如果每天埋头于成本竞争的话，最后就会陷入路边货化的陷阱，正是处于红海的正中央。另一方面，如果将成本置之度外只追求差别化的话，市场就会逐渐萎缩。这与不把任何人当作竞争对手的利基战略并无差别。无论选择哪一个，都不能构筑持续的竞争优势。

## 智慧精干战略

这种关系可以用图 6-9 那样的矩阵来表示。这是因为，根据波特的理论，差别化能力与成本竞争力处于反比例的关系。但是，像这样用矩阵来表示的话，就会发现右上的位置是空白地带，即价值高、成本低的领域为空白。可是，难道这里不就是最理想的定位吗？

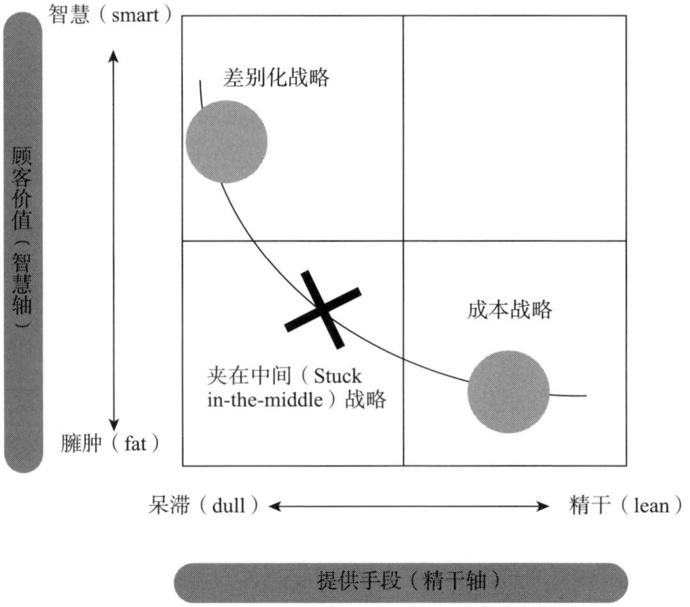


图 6-9　迈克尔·波特的竞争战略

的确，两个方面都达到并不容易。通常来看，很可能会陷入摇摆不定的局面，也就是处于左下的领域。波特所指出的二者择一，作为战略理论是无可挑剔的。但是，打破原有规则的创新会瞄准右上的位置。

例如，前文讲的任天堂的 Wii。对于普通顾客来说，那正是诉求新价值、压低成本的划时代的创新。相对于苹果的 iPod 和 Napster（是一款可以在网络中下载自己想要的 MP3 文件的软件）等已经面市的商品，Wii 是一款价值更高、总成本更低的新商品。它闪亮登场后，立即席卷了市场。

我把瞄准右上位置的战略称为**智慧精干战略**（参见图 6-10），瞄准高价值的智慧（smart），但又具有彻底削减成本的精干（lean），它是以兼顾两者为努力目标的战略。

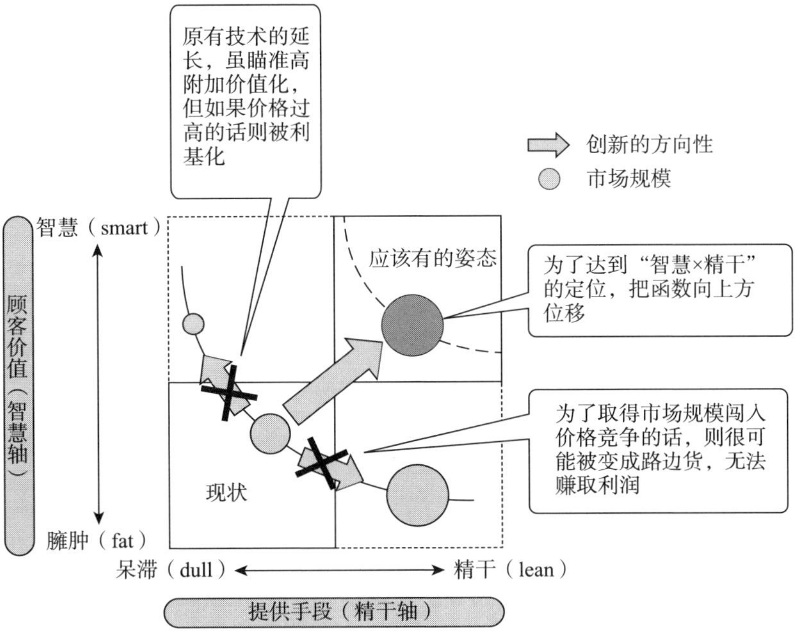


**图 6-10　智慧精干战略**

回想一下，从 20 世纪七八十年代开始，在日本企业纵横捭阖于世界市场之时，这一智慧精干战略就是其支柱。索尼的随身听[①]、丰田的雷克萨斯，正是通过兼顾“智慧”和“精干”才征服了世界。

波特理论可以说是教科书式的战略理论，随着它向世界各国的渗透，日本大多数企业都纷纷采取了差别化和成本战略二者择一的举措。但是，在成本方面，一些国家根本不是中国等新兴国家的对手，最终，它们无论如何也必须走差别化战略。结果就是，它们丧失了成本竞争力，不得不从批量销售的市场撤出。

在 21 世纪初期，索尼推出的 QUALIA[②] 系列就是一个典型案例。这一系列走以“感动”为关键词的超级豪华路线，便携式 MD 播放机每部售价 18 万日元，至于高清液晶电视机每台的售价最低为 100 万日元。

的确，无论从音质还是从画面来看，在当时，其品质都达到了巅峰。但是，看商品旁边标着的价格，也只有解开了捆绑钱包的细绳（不惜花大价钱）的消费者（发烧友）有能力喜欢，但这样的人毕竟为数不多。该系列仅销售两年就退出了市场。把成本置之度外的“智慧”战略以惨败收场。

波特模型是极其数字式的（冷冰冰的），它强迫大家必须做出选择，即到底选哪个战略，所以也被称为定位学派。

---

① 随身听（Walkman）：索尼（Sony）自 1979 年 7 月 1 日开始推出的个人便携式放音机系列产品。将此前的便携式磁带录音机去掉音箱和录音功能，换上立体声播放专用耳机，作为专门用于立体声播放的产品面市。以想随时都能享受音乐的年轻人为中心风靡一时，并将索尼成功推向世界。

② QUALIA：索尼曾推出的包括彩电等在内的高级家电品牌。QUALIA 是来自“感觉的质感”的学术用语。

的确，波特的战略去除了摇摆不定，容易学会。但是，从那样的**单纯战略中难以产生创新**。曾经采取了“智慧精干”这一极具划时代意义的创新战略的日本企业，正是由于学会了波特理论，才迅速丧失了创新的主动性。

## “跨国”模型

下面介绍另外一个有名的矩阵，它是在一本关于全球经营战略的教科书里提出的。

在全球经营战略中，两个对立轴要选择哪一个，经常作为一个问题被提出来。是追求每个地域的最佳化（localization），还是追求全世界的经营模式的统一化（integration）？

如果追求前者，企业经营就有可能深深植根于各个地域。但是，那样的话，就不会改变其地方性企业的性质，难以作为全球性企业发挥规模经济效应；如果追求后者，正好相反，就有可能做到在全世界的任何地方都提供同样的服务，但是那样做未必符合各地的实际情况。

欧洲企业及B2C企业大多采取前一种战略。因为，欧洲自身正是地方性市场的集合体，B2C必须与各地的生活方式相符。

美国企业及B2B企业大多采取后一种战略，IBM及GE（通用电气）等就是其中的典型。就连可口可乐那样的B2C企业都力图要把“黑色的砂糖水”（史蒂夫·乔布斯之语）这种美国文化一下子卖到全世界（不过，大家是否知道可乐的味道因地域而不同。在潘卡吉·盖马沃特撰写的《可乐的味道应该因国而不同吗》一书中对此有详细阐述)。

但是,地方化和统一化未必是二律背反的关系。把二者当作轴线来看,就得到了图 6-11 那样的矩阵。

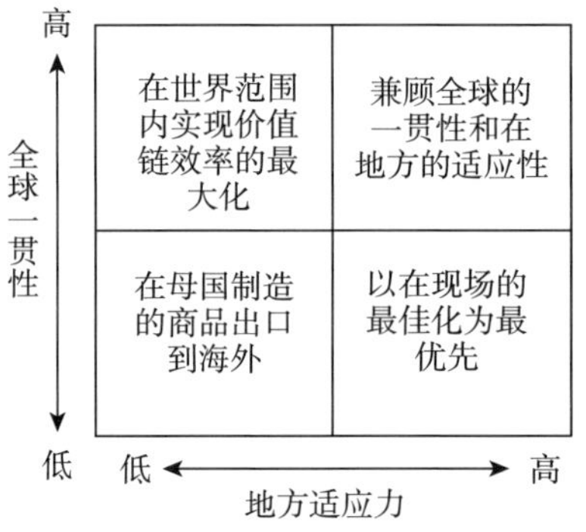


**图 6-11　跨国模型**

这是一个把在母国制造的产品原装出口到海外的模型。生产工序都集中在母国,因此,既不能具有地方色彩,也没有必要统一化。我们称其为“**国际**”模型。

企业从左下的位置出发,随后,在想要重视地方化的时候向右错移,得到“**跨国**”,也就是“国家”这一地方网点集聚的模型。在重视全球一贯性的时候向上错移,得到“**全球**”,也就是世界共通模型,被称为饼干模子(cookie cutter)模型。如果按照日式说法的话,也可称为“金太郎糖模型”。

一目了然,最好的模型是右上区域的那个,我们称其为“跨国”模型。

所谓跨国,是指超越国境的意思,克里斯多弗·巴特列特(Christopher Bartlett)教授等所著的有关全球战略的教科书——《地球市场时代的企业战略——跨国经营的构建》（*Managing Across Borders*）指出，这才是应该努力构建的模型。

**既符合地方性，又与全球保持一贯性**。据此，企业在深深植根于各个市场的同时，又要活用全球化的规模经济。乍一看，好像给人造成一种逻辑上的矛盾，但如果做得好的话，可以兼得两者的长处。

在这里应该注意的要点是，不要把当地网点当作总部的派出机构来运营，而是让其发挥抓住商机的重要天线的功能。要想发挥好这一功能，必须形成事业进展顺利的地区所获得的经营诀窍与其他地区共享的建构。

当然，跨国模型说起来容易，做起来却是极其困难的。能够完全精通的企业仍然极少。据我所知，其中最优秀的实践者是麦肯锡。

麦肯锡不存在所谓的“全球总部”（GHQ），每个地域的子公司都深深地植根于当地。可是，每个子公司都熟练使用共同语言和共同框架，拥有将某个地域产生的新智慧让全世界共享的建构。前面提到的巴特列特教授曾经担任过麦肯锡的咨询顾问，这不仅仅是个偶然吧。

## 从or到and

经营学大家迈克尔·波特曾用二律背反的逻辑问道：“是采

取差别化战略，还是采取成本战略？”这两个都想采取的话是不可以的，到底采取哪个要给出明确的定位。的确，如果是那样的话，既简单明了，又确立了站在某个边缘的战略。但是，不可否认的是，**创新经常在超越二律背反悖论的地方产生。**

据说，迅销公司的柳井正先生每当直面二律背反时就热血沸腾。例如，他把刚才所讲的跨国模型表达为“全球就是地方，地方就是全球”。在整体之中有部分，在部分之中有整体。听起来有点像禅宗的问答，不过这无非就是哲学家阿瑟·凯斯特勒（Arthur Koestler，1905—1983）在其1967年出版的著作《机器中的精灵》中所提出的子整体[①]概念。对于子整体有兴趣的读者，请参阅我的父亲、经济评论家名和太郎（已故）所写的《子整体经营革命》一书。

借用麦肯锡和我在一桥大学的前辈石仓洋子的名言，**“不是or，而是and”**才是关键（请参阅石仓洋子撰写的《战略移位》）。同时再借用我的同事、从事CSR（Corporate Social Responsibility，企业的社会责任）咨询的彼得·佩蒂森先生[②]的名言，要求做到**“不是取舍，而是兼顾”**（请参阅彼得·佩蒂森撰写的《复原力强的公司：为什么某家企业超越时代得以

① 子整体（holon）：表示物品结构的概念。构成整体的各个要素其本身、作为构成整体结构的要素（部分）的其中之一的整体，也称“子全体”。例如，构成人体这一整体的要素（部分）的细胞各自也都具有作为整体的结构和功能，也可以被称为是一个子整体。

② 彼得·佩蒂森（Peter Pedersen）：1967年生于丹麦，在日本居住了长达二十多年。于2000年设立了致力于环境保护／企业社会责任咨询的公司“e-Square”，与日本的企业、政府机构、大学等联手开展了400个左右的项目。

生存》)。

用刚才所讲的例子来说，**不是以“是智慧还是精干”为目标，而应该以“智慧”和“精干”为目标。**

这正是优衣库所要追求的目标。NITORI 和无印良品都是如此。现代的胜者都是向超越古典悖论的创新发起挑战并取得成功的。

## 结构和力量

就像这样，**斗胆把乍一看是取舍关系的两条轴线直接相交画出矩阵，是在思考“兼顾关系”的可能性方面非常有效的方法**。

例如，品质和成本的关系、速度和进度的关系、万事不求人主义和活用他人力量的关系等，都可以画出矩阵来看一下，理应会产生超越二律背反的创意。

所以，我经常说“面朝东北”。东北也就是右上。面朝右上，就能看出新的答案。这就是矩阵的使用方法。

关于这一点，在第二部分的第 11 章再做详细阐述。这也是后结构主义的智慧。受波特的数字思考风格所熏染的咨询顾问都奔向了“建构化”，取出两轴，明确定位。麦肯锡的一位年长董事不惮于以“结构主义者”自称（如果那样说起来的话，他总是要画出矩阵）。

但是，建构化只是出发点。一旦挤进结构之中，就难以从中走出来。这只会产生静态的战略。

**要想实现创新，必须采取动态战略**。也可以称其为创新冠军史蒂夫·乔布斯不断提倡的“从你的箱子里走出来”(Get out of box!)。下面介绍我最喜欢的乔布斯的一段话：

> 要想产生能够改变世界的新创意，就必须拆掉大家都认定那是墙的东西。为什么呢？因为那堵墙只不过是大家的认定而已。(The only way to come up with something new something world changing is to thing outside of the constraints everyone else has,You have to think outside of the artificial limits everyone else has already set.)

换言之，不要规规矩矩地待在建构之中（定位），破坏建构才算得到了动态战略的奥妙。**不要被装入箱子（建构）中，而要思考如何从箱子里跳出！**

不过，要想以 Out of Box（跳出箱子）为目标，必须首先看清 box（制约）在哪里。所以，**建构化作为思考战略的出发点有其意义**。知道了制约（悖论）在哪里，就知道了哪里可以开展创新。

就像这样，**后结构主义者们首先把握建构，然后设法从建构中逃出**。例如，浅田彰先生[①]早在 30 多年前，就在《建构和力

① 浅田彰：评论家。1983 年，他在担任京都大学人文科学研究所的助手时期，参照雅克·德里达 (Jacques Derrida，1930—2004)、米歇尔·福柯 (Michel Foucault，1926—1984)、吉尔·德勒兹 (Gilles Deleuze，1925—1995) 等哲学家的教科书，创作出讲解法国现代思想的专著《建构和力量》，引发了批判学院派的新学院派热潮，成为销售量超过 15 万本的畅销书。

量——超越记号论》一书中论述了后结构主义的动态平衡。并且在其《逃走论——冒险》一书中，提倡从“定居文明”向“逃跑文明”的大转换。正是这样的“错移（力）”，才是勾画动态成长战略的最大武器。

**即使画出矩阵，也不要安居在那个位置（定位）。只有以东北为目标不断付出努力，才是突破成长极限的秘诀。**

## 创造共通价值的新范例

前文中一直在对迈克尔·波特的理论进行批判，然而，他于 2011 年提出了新的“兼顾”模型。该模型是以**“创造共通价值”（Creating Shared Value，CSV），也就是兼顾社会价值和经济价值**为目标的。

世界上许多国家的企业已经开始把“环境、社会、治理”（ESG）、可持续发展目标（Sustainable Development Goals，SDGs）等作为新的经营课题。作为这一宏观趋势的背景，CSV 作为 21 世纪的经营模型受到了世界的瞩目。

波特的 CSV 用矩阵来表示就得出图 6-12。

在资本主义社会，民营企业被认为只要追求经济价值（EV）即可，对应于右下的纯粹追求利润型（Pure Pursuit of Profit，PPP）区域。

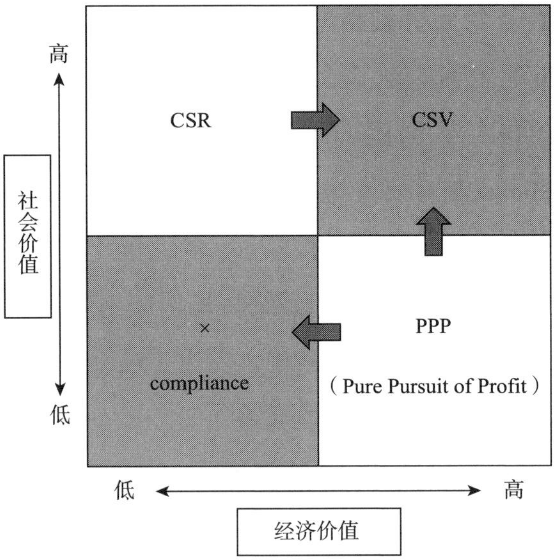


**图 6-12 CSV 模型示意图**

诺贝尔经济学奖得主米尔顿·弗里德曼[①]曾断言，“守住雇用、缴纳税金就是民营企业的社会责任。既不是其上也不是其下”。

但是，所缴纳的税金并不能保证都被正确地用于解决社会问题上去。因此，即使是民营企业，也要拿出利润的一部分用于社会价值（SV）高的活动。这一趋势已经出现。它是左上的 CSR 区域。

另一方面，在右下的 PPP 区域，过于贪求 EV、不惜违反社会规则的企业也络绎不绝。各位应该马上会想起早期的安然公

① 米尔顿·弗里德曼（Milton Friedman，1912—2006）：美国经济学家，1976 年诺贝尔经济学奖得主。从推崇凯恩斯经济学转向主张古典经济学、货币主义、市场原理 / 金融资本主义，对凯恩斯的总需求管理政策提出批评，信奉弗里德里奇·哈耶克（Friedrich August Hayek，1899—1992）提出的自由市场秩序主张。

司，以及引发雷曼冲击的金融机构的名字吧。当然日本也绝不例外。对于奥林巴斯及东芝的问题，各位应该记忆犹新。从那以后违反社会规则的事件仍然时有发生。

企业**在 PPP 区域为所欲为，就会进入左下的区域，不但给社会造成恶劣影响，也会使自身的经营受到严重毁损**。因此，遵章守纪（compliance）作为经营课题再次引发世人瞩目。不过，它只能发挥阻止消极影响的作用。

那么，期望能够带来更加积极影响的领域在哪儿呢？

正是基于这一理由，右上的位置开始引人注目。并且，只有这里才是 CSV 所瞄准的目标。

像这样用矩阵来表示，就应该能够明确地知道 CSV 模型与此前模型的区别了吧（想要对此有深入了解的话，请务必阅读我写的《CSV 经营战略》一书）。

对 CSV 模型，波特也很难说不好吧，我产生这一想法的时候，正好赶上了实际发生的一件事情。

利用波特来日本与他交谈的机会，我向他披露了这个矩阵，并问他："怎么样，这样的话就容易明白了吧？"波特对此姑且表示了赞同，但他完全不想使用这个矩阵。

后来，我才搞明白波特为什么总想避开这个矩阵。实际上，如果好好听他说，就能明白他的意思，是我把横轴和纵轴搞反了。

X（横）轴表示手段，Y（纵）轴表示目的。我当然认为经济价值是 X 轴（手段）、社会价值是 Y 轴（目的），从而得出这个矩阵。但是，对波特来说，那样就搞反了。目的终究是经济价值，社会价值只不过是达到目的的手段！

但是，如果真的把两个轴颠倒过来，其意图就不言而喻了。所以，波特从来不使用这个矩阵。

如果这样思考的话，那么，显而易见，**矩阵可以烘托出人的战略意图**。它真的是一个拥有强大力量的工具啊！矩阵，很可怕！

### 矩阵的力量总结

- 通过两条轴线的矩阵实现建构化，就可以发现乍一看是二律背反（取舍关系）的现象实际上可以并存（兼顾关系）。
- 智慧精干、跨国模型、CSV 等，创新、全球化、可持续发展等 21 世纪经营课题的解决方案，是从矩阵里产生出来的。
- 依靠矩阵实现的建构化，只不过是出发点。要想制定出面向未来的战略，要求具备以矩阵的右上（东北）为目标的实力。

## 波士顿矩阵

说起矩阵，有一个矩阵虽然问世已经近 50 年了，但至今仍然被活用，它就是波士顿矩阵（参见图 6-13）。

同样是非常容易看懂的定位框架，**取市场份额和市场成长率这两条独立的轴线，把各项事业归类到四个象限。它是一个在“事业组合分析”领域起到了拓荒者作用的框架。**

此后，麦肯锡与 GE 联手，取自己公司的优势和市场的吸引力为两条轴线，用“3×3”的矩阵琢磨了分析的技法，但其基本原理与这个波士顿矩阵并无差别，而且使用起来还没有这个矩阵方便。

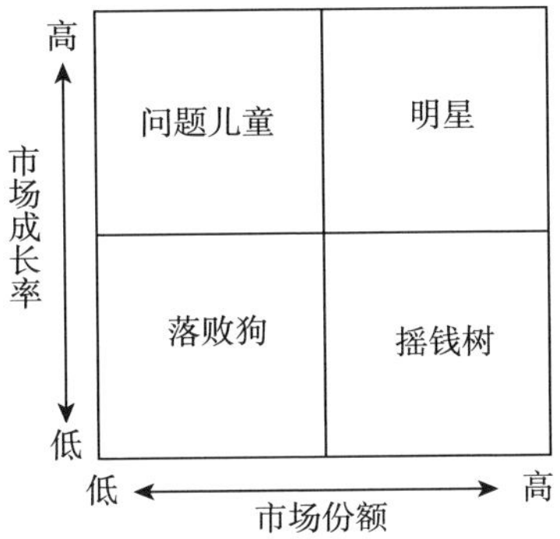


**图 6-13　波士顿矩阵**

前文讲到了富士胶片把安索夫成长矩阵按“3×3”细化后发现了前进路线，但是那只是个例外，框架并非越复杂越好。波士顿矩阵简单明了，仅写在各自位置上的名词就让人觉得很容易懂。

各个企业要把各自开展的事业分类到这个矩阵里。比如，这个是落败狗（dog），这个是摇钱树（cash cow），这个是问题儿童（question mark），这个是明星（star）等，按此类似分类方法进行分类。不过，照例它只不过是制定战略的出发点。**处于各自位置的事业今后将如何开展才是组合战略的关键。**

而对此教科书式的答案非常简单。如果是落败狗就将其舍弃；把摇钱树的现金投给问题儿童，让问题儿童成长为明星；如果问题儿童永远成不了明星的话，在市场成熟阶段将其降格为落败狗，之后再舍弃。这就是美国式的容易懂的组合战略。

## 落败狗真的只能以落败狗而收场吗

不过，这里有一个陷阱。例如，被当作了落败狗的事物，真的就是那样的吗？就像市场成长率，其他公司也会做“这是落败狗”的思考，于是会撤走。这样一来，如果有公司能够坚持到最后，那么不知不觉间就会获得市场份额，落败狗就变成了摇钱树。难道没有这样的事情发生吗？

虽然不是阿加莎·克里斯蒂（Agatha Christie，1890—1976）写的推理小说，但就像小说中所写的那样，“然后，谁都不在了”。如果是那样的话，原来还被当作落败狗的事物，最后却变成了摇钱树，这样的事情难道没有吗？

富士胶片的“Check”[①]就是一个有名的例子。如今，快速成像照相机几乎都没人用了。宝丽来（Polaroid）和柯达都破产了，柯尼卡美能达也老早就把相机胶片停产了。可以说，此时市场正处于“然后，谁都不在了”的状态。

这时，碰巧拍立得热销的场面出现了，使用拍立得变成了一种时尚。原先的落败狗变成了明星，并且成了富士胶片所有产品中利润率最高的商品。

---

① Check：富士胶片公司在其照相系统“一次成像”（instax）的基础上开发推出的一次成像照相机（拍立得）。与此前曾推出的“宝丽来照相机”同样具备打印相片功能。

富士胶片还有一个磁带①的例子，就是录像机和盒式录音机用的磁带。如今市面上几乎没有了，都被换成了硬盘，大多数磁带厂家都停止了生产。但是，富士胶片保留了下来，虽说是落败狗，但还没有跌落到亏损的局面。

结果怎么样了呢？在已经到了大数据②时代的今天，磁带成为热销商品，完全变成了摇钱树。

为什么大数据需要模拟信号的磁带呢？也许有人会感到不可思议。理由就出在电费上。如果用硬盘的话，就必须一直使其保持通电状态，所以需要耗费大量电力。拥有数量惊人数据的谷歌，据说如今必须要有核电站为其提供电力。

因此，就像历史性数据及监控摄像机那样，只有事情发生之后再来看的、不是马上就用到的数据，就可以放进磁带里来保存。这是因为磁带存储不需要电。

富士胶片没撒手舍弃的落败狗，没想到变成了摇钱树，如今笑到了最后。

**对于落败狗，是否应该立刻将其舍弃，还是要经过认真思考为好。**再进一步说，**如果不亏本的话，即使不再投资了，利润还是会增加的。**不看到这一点就过早放弃，这一错误希望大家都不要犯为好。

---

① 磁带：根据磁化的原理记录/重放信息的记录媒体。被用于盒式磁带录放机及家用录像系统（VHS）。因硬盘驱动器（HDD）成为主流而被淘汰，但是因为它所具有的数据传送速度快、生产成本低等特点再次引起业界重视。

② 大数据（big data）：伴随着服务器的云端化及SNS的普及，能够获取到大量的数据。通过采集/解析大量的（普通人的）数据，可以在防止犯罪和改善交通状况等领域发挥重要作用。

## 摇钱树、明星、问题儿童各自应该注意的事情

接下来我们说摇钱树。关于它应该注意的是，**摇钱树如果不浇水的话也会枯死**。如果不对摇钱树持续投资的话，那么它很快就会枯萎。所以，**关于把摇钱树产生的现金投给问题儿童这一常规做法是否真的好，还是需要认真讨论一下**。

进而，**在摇钱树的周边，下一代的成长种子（未来的问题儿童及明星事业）正在沉睡，这样的情况也并不少**。

例如，纤维事业从摇钱树沦落为落败狗，人们通常都认为它成了“夕阳事业”，很多化学公司都将纤维事业赚取的现金投给了生命科学等未来值得期待的新创事业。东丽公司没有这样做。日觉昭广总裁断言，“纤维事业并不会走向衰微，而是蕴藏着巨大潜力的成长型产业”。正如人们所熟知的那样，东丽与优衣库联手，不断生产出 HEATTECH、AIR RHYTHM[③] 等在全球热销的商品。通过对纤维事业再投资，**摇钱树的树干越发粗壮，每年都确实在向开出新花的明星事业进化**。

**请注意，明星事业其实是最脆弱的事业**。在教科书上，通常都要求给明星事业“继续加油”。但很多情况下，当发现问题时，不知从什么时候开始，明星事业早已失去往日的冲劲，沦落到问

③ HEATTECH、AIR RHYTHM：两者都是优衣库（UNIQLO）的产品名称。HEATTECH 是冬天穿的防寒服，AIR RHYTHM 是夏天穿的吸湿服。特别是 HEATTECH 使用了与东丽公司共同开发的功能性化学纤维，自 2003 年以来，在世界 19 个国家累计销售超过 10 亿件，深受消费者好评。

题儿童的地步。

既具有成长性又易占据高份额的市场，同样会成为其他公司眼中的肥肉。无论是现在的竞争对手，还是新加入者，都在想尽各种办法前来抢夺市场份额。并且，像现在这样的转换效应（原有的高端商品被开发和改良出来的低端商品驱逐）已经常态化，冷不防就会被竞争对手绊住了腿脚。

当然，死守明星定位的企业虽属少数但毕竟也有，于是，这样的企业就会成为竞争对手理想的并购目标。曾被视为“有机超市中的磐石”的全食超市[①]被亚马逊整个吞下，曾在智能手机的半导体部件行业中拥有不可撼动地位的高通[②]险些被并购，人们对此记忆犹新。

鲜花的生命是不可能长久的。明星事业也需要人们非常细心周到地呵护。

最后说一下问题儿童。让问题儿童不断成长本身是正确的，但是，即使以未来将其培养为明星这一名义不断对其进行投资，**如果不在某种程度上适可而止的话，很有可能在嫩芽尚未冒出来之前，公司就已经倒闭了。**

东芝对核电事业、松下对液晶事业的过度投资都是典型。

再以东丽为例，碳纤维的市场历经了50年的岁月才受到人

---

① 全食超市（Whole Foods Market，WFM）：1978年创立，是一家在美国、加拿大、英国等国家（地区）拥有超过460家店铺的食品连锁超市。2017年8月，被亚马逊海外购（Amazon.com）以137亿美元收购。

② 高通（Qualcomm）：美国的一家从事无线电通信技术及半导体设计研发的公司。2017年，总部设在新加坡的博通（Broadcom）表明了收购高通的意图，但是此举有可能导致美国信息通信产业走向衰退进而威胁到国家安全，被特朗普总统否决。

们的瞩目。其间，东丽公司对其保证最低限的投资孵化，不断进行技术打磨。如今，瞅准市场爆发的时机，展开大型并购一下子决出胜负。正如这样，到底是机会还是风险，要正确解读，关键在于能否看准时机。

## 不要按照教科书上所写的那样移动

如上所述，不要简单地按照波士顿矩阵移动。最重要的理由在于，**矩阵是以现在的市场为前提把份额和成长固定下来的。**

**在市场迎来非连续性变化的今天，站在现状的延长线上做出的判断是极其危险的。无论是市场的成长率，还是各个公司的市场份额，都必须以可能发生巨大变化为前提来预见未来。**

前文用安索夫成长矩阵介绍了富士胶片化妆品事业的例子，这里再一次以它为例。

富士胶片进入化妆品领域是在2006年。截至目前来看，可以说是最后进入这一领域的。无论当时还是现在，整个化妆品市场的成长率非常低，至少在日本国内，其成长率不到3%。并且，以资生堂等为代表的国内厂商和以欧莱雅为代表的外国厂商已经形成了熙熙攘攘的局面，完全可以说富士胶片是从零开始起步的。要扩大市场份额谈何容易！按通常考虑的话，富士胶片在参战之前就已经是落败狗了。

但是，富士胶片决意杀入。因为该公司判断，化妆品市场今后将进入大发展时代。为什么呢？

化妆品市场停止成长的是与功能相比感性优先的那部分市

场。与此相反，富士胶片预感，充分利用了科技的功能性化妆品市场将会成长，走在前面的花王的索菲娜及P&G的SK-II等与此相近，这种化妆品的成长率每年高达两位数。

富士胶片决定以胶原蛋白和纳米技术等相机事业奠定的技术为武器，打进这一功能性化妆品市场。对市场这样做出定义，富士胶片确信这其中还有很大的提升空间。

也就是说，富士胶片看到了从问题儿童转向明星成为“腾龙”的进化路径。

另一方面，即使是富士胶片，一时处于明星地位的数码相机也在短时间内沦落为问题儿童，其市场完全转移到以薄利多销见长的中国厂商那里。虽然富士胶片在数码相机的高端市场奋力坚守，但是能否以智慧精干战略卷土重来还难以预卜。照此下去，其他日本厂商的数码家电事业同样都面临着沦落为落败狗的危险。

这也就是我要反复强调的，**波士顿矩阵与其他框架一样，还是不要照本宣科地使用为好。如果按照通常的思考方式来使用的话，只能得到平常的答案。只有将其别出心裁、另辟蹊径地利用，采取与众不同的战略，才有可能取得成功。**

不过，还有能够钻空子的常用框架。波士顿矩阵作为出发点也可以充分发挥其作用。既然已从那里出发，如何改变博弈的智慧就成为决定胜负的关键。

正所谓**“框架和剪刀一起用吧”**。

利用波士顿矩阵，无论是分类为问题儿童和落败狗的事业，还是分类为明星和摇钱树的事业，都能够根据今后的动态重新改写新的故事。

### 波士顿矩阵总结

- 把市场成长率和市场份额作为矩阵的两条轴线，就能够把各个事业标示在四个象限内。各个事业可分为“落败狗”“摇钱树”“明星”“问题儿童”四类。
- 今后如何推动这些组合成为战略的要义。落败狗也可变成摇钱树，明星沦落为落败狗的状况也不少。要认真思考如何突破现有的建构。

## 麦肯锡的7S框架

麦肯锡也有像波士顿矩阵那样使用 50 多年的有名框架，那就是 7S 框架。麦肯锡认为，企业的经营能够分解为 7 个 S。

经常有人讲，波士顿是战略咨询，麦肯锡是组织咨询。的确，创业时期的麦肯锡最得意的事，就是实现了从按功能分类改为按事业分类的组织变革。通过这样的组织变革，麦肯锡变成了面向顾客、立足收益的企业。从两家公司招牌框架的不同也可以看出：波士顿的招牌框架是着眼于制定战略的矩阵，麦肯锡的招牌框架是洞察组织的 7S 框架。

7S 架构如图 6-14 所示。7 个英文单词都以 S 开始，故称 7S。7S 大体上分成两组，上面的深灰部分为硬 S，下面的浅灰部分为软 S。

**硬 S 是指战略（strategy）、组织（structure）和体制（system），也就是相当于组织的骨架及神经系统的部分。**

**软 S 是指人才（staff）、技能（skill）、风格（style）和价值观（shared value），相当于组织的软件部分。**

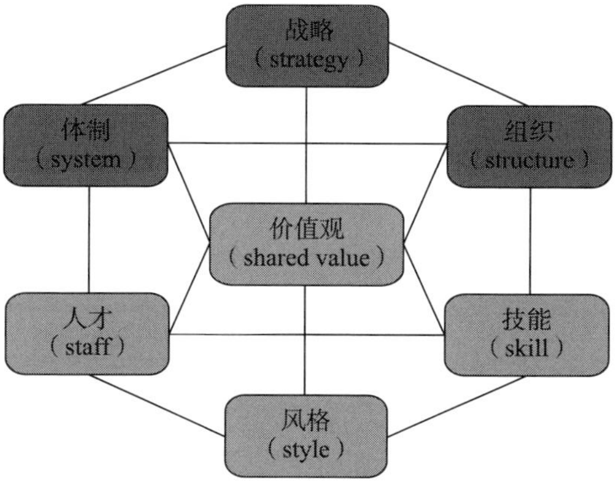


**图 6-14 麦肯锡的 7S**

首先以这 7 个 S 为切入口分析组织的现状，接着有机地驱动这 7 个杠杆实现组织变革。这是一个非常便利的框架。

## 7S 框架是 MECE 分析吗

这个框架符合 MECE 分析吗？

如果问“这个框架没有遗漏什么重要的要素吗”，很多人都会回答遗漏了资本或信息。的确，在 7S 中，“人、财、物”这三样要素，除了人之外都没有被包含在内。这是怎么回事呢？

在组织的资产中，能够计入平衡表的资产都是从外部带进来的，如果数量不足的话买来即可，如果没有购买资金的话借来也可以。如今已经是资金过剩的时代，只要把事业模型做好，无须为钱发愁。如果是能引起共鸣的事业模型，采用众筹[①]的方式即可筹集到钱。

**只要有了钱谁都可以拥有的东西，不是组织的力量。**进而言之，**谁都可以从外面带进来的大众化的东西，没有内在化的必要。**

在计入平衡表的有形资产中，没有必要当作组织资产的东西有很多。“不拥有的经营”“减量经营”才是网络时代新的经营模型。

**更重要的资产，就是能够产生该企业独有价值的组织能力，而组织能力是由这 7 个要素组成的。**

接下来，看看 MECE 分析中的“重叠”情况如何。实际上，在 7S 中有两处重叠。

其一是**人才（阵容）和技能（能力）**。没有技能的人才不会有，所以，看起来好像重叠了。

人是最重要的资产，所以，7S 把人分为外面和里面两方面，人才是人的数量，用英语表示为 capacity；技能是人的质量，用英语表示为 capability。

---

① 众筹（crowdfunding）：产品及服务、解决问题的创意及项目等，通过互联网向社会公众表达急需资金的意愿，从引起共鸣的网民那里筹集资金的方法。从对艺术家的支持到对政治运动、风险企业的出资，再到科研活动、实现个人梦想等，其应用领域不断拓宽。

如果没有数量，无论质量多么好，都形成不了规模，所以需要人数。尽管如此，如果没有质量的话就无法对其进行利用。因此，姑且把它分开了。

同样，**风格和价值观**也与此相似。

风格是行动方式。例如，丰田公司的“问五回why”，就是丰田公司的行动方式。本田公司的情况是，不做与其他公司不同的事情就不满意。这可以说是本田公司的行动方式。

那么，行动方式和价值观如何区别呢？

麦肯锡将其也分为内和外两方面。**价值观是内含的信念及价值观念，风格是外在表现出来的行动方式。**二者是表里一体的关系。

### 改变硬S

那么，如何推动这7个S，开展组织变革呢？

**容易改变的是硬S。其中，组织（结构）最容易被改变。如果领导人想改变，组织随时都能改变。**

不过，如果只是那样做的话，仅是表面变了，内涵什么也没有改变，但还是有经常想对组织做出重大改变的领导人。即使是瞬息间的心情变化，在眨眼之间，心情发生一点变化后就又重新恢复了平静。战略也是如此。**如果让我们咨询界来说，战略一个晚上就能写完，但是，能否让它得到实践和落实那又另当别论了。**

体制并不仅指信息技术（IT）等系统，而是指公司的神经系统，如决策的过程、人才培养的过程等。**如果组织的骨架是结构的话，神经就是体制**。就像“丰田生产体制”那样，经过磨炼就能成为该企业竞争优势的源泉。

因此，实际上，在 3 个硬 S 中，体制是最重要的。因为它关乎组织的基础。

虽说如此，体制也是能够设计的。对于**决策的建构和人才培养的建构，如果想改变的话都能改变**。骨架和神经系统也都能够改变。因此，**包括体制在内的 3 个硬 S，在咨询界成为经常使用的杠杆**。

例如，在战略层面，此前追求的是低成本战略，但今后想要转向兼顾价值和成本两者的智慧精干战略，为与此相配合，组织也要做出重大改变，由此前的按商品分类转向按解决方案分类。与此同时，决策和绩效评估的建构等都要重新确定。

需要反复强调的是，虽然组织变革也可向前推动，但是只是表面上改变了，本质上不会有太大的改变。实际上，我们带着新组织体制的设计图前往时，经常会受到客户企业总裁的责备，“那样啊，谁都会想到。我不想听这些”。

不过，**若将想要改变组织使其与此前不同这一信息，象征性地向公司内外宣示**，就可能成为改变员工意识和行动的契机。为此，在开展组织变革之时，活用组织这一杠杆的情况也不少。

## 改变组织的是软 S

如上所述，**硬 S 可以成为改变组织时使用的杠杆，但是，**

**真正改变组织的还是软S。只要软S不改变，组织就不会改变。人变了，行动方式变了，价值观变了，组织才会发生重大改变。**

但是，即使想要直接作用于软S，一般的手段也是行不通的，就连原先哪里有实体、有没有变革的杠杆都难以把握。

其根源就是行为经济学所讲的“现状偏爱”。很多人都认定此前所做的一切事情都是最好的，即使内心很清楚变革会更好，也会害怕失败，对处理新的事情感到麻烦。想要改变软S，本来就是极其困难的事情。

因此，就要从硬S发起进攻，这时重要的依然是体制（建构）。**通过改变体制，人才、风格、价值观都能够得到改变。**

虽说如此，这些都是要花费时间才能做到的。

关于人才（人的数量），虽说增加聘用即可，但只要不是并购，也不可能马上召集过来。对于技能的培养，更需要时间。当大家发现培养人才的必要性时，往往就太晚了。必须花费很长的时间培养人才。

风格即行动方式也很难改变。之所以形成了难以改变的组织习气及习惯，其原因就在于风格。它必须要通过绩效评估系统的变更，以及工作现场的意识变革活动，沉下心来花费时间才能改变。

**最难以改变的就是占据了“正中央深宅大院”的价值观。**为什么呢？它就像是被组织打上了深深烙印的DNA那样的东西，让其完全从零做出改变是不可能的，只有打造另外一个公司重新出发这一个办法。

但是，**通过与时俱进地重新解读，可以一点一点地进行错**

**移**。我把这样的错移称为 **“DNA 重组”** 作业。

例如，松下公司自创业以来，松下幸之助老先生的“自来水哲学”已经处于组织价值观的核心。就像自来水那样把家电送到千家万户，要具有这样一种使命感。

但是，在如今这个物品过剩的时代，还故步自封的话就未免太落后于时代了。因此，自进入 21 世纪以来，以“破坏和创造”为口号，以实现松下的变革为目标的时任总裁中村邦夫（后来担任董事局主席、顾问）提出了“创意改变生活”（ideas for life）这一新的公司口号。

创意（ideas）是把创新作为起点，具有“自来水哲学”所没有的新意。但是，仅此一点的话，松下就与苹果、索尼没什么两样。于是，松下把它与生活（life）联系起来，也就是把它与人们的日常生活变得更加丰富这一想法组合在一起。正是敢于把创新送到大家手里（大众化）这一理念，最终进化了松下的“自来水哲学”理念。

到了 2015 年，松下负责家电部门的本间哲郎总裁确立了“不断高端”这一品牌理念。这一品牌理念渗透到日常生活才实现了其真正价值。这是将“自来水哲学”进化为 21 世纪价值观的品牌战略的杰作。

正是基于上述原因，本来的目标是改变软 S，但是，为了做到这一点，要从周边的硬 S 着手，这就是麦肯锡式变革组织的做法。也就是说，硬 S 是手段，软 S 是目的。

然而，在 7 个 S 之中，最应该引起重视的还是体制。**体制改变了，风格就会改变。从结果来看，技能和人才（人的**

**能力和规模）也都会形成新的累积。通过这些，作为核心的价值观将会发生改变。**这些都是令人期待的变化。

### 7S总结

- 企业能够利用7S框架进行因素分解。也就是战略、组织结构、体制这3个硬S，以及人才、技能、风格、价值观这4个软S的组合。
- 在开展组织变革时，要思考如何通过改变硬S，让软S得到进化。
- 只改变战略和组织，企业不会发生改变。要想开展企业变革，为了改变软S，如何很好地将硬S嵌入体制才是关键。

## 竞争优势的终结

“建构”即框架化，也就是结构化。20世纪的经营战略，在迈克尔·波特那里已经形成了一个完整的体系。他研究得出的定位论，其价值在于**通过建构化明确企业战略所处的位置。**

的确，不建构化就不可能制定出战略。但是，正因为这样，以已经明确了的结构为前提展开议论，就无法应对破坏结构那样的非连续性变化。

这就是**20世纪式的经营战略的局限**。

有SSP这样一种说法，它是sustainable、superior、positioning的首字母缩写，即**可持续优势地位**。意思就是，可持续地构筑超理想且无法撼动的地位。波特及其追随者想要达到的目标就在这里。

但是，自认为已经站在了这个位置的时候才是最危险的。因为否定了变革的必要性。**在非连续性变化已经常态化的时代，没有危机感才是最大的危机**。很多企业往往从建立“就是这个”纪念碑的地方开始崩溃，正当用赚来的钱建设总部大楼的时候就已经开始走向衰退的企业络绎不绝。

本来就**不存在可持续定位那类事物，所有的事物都处于不断变化之中**。假如有想稳坐在冠军宝座上的企业，市场本身的基础也会错位，其定位本身的价值也就变得没有任何意义。

IBM 的大型主机、微软的 Windows 都因抱着已经奠定了谁也无法撼动其地位的错觉，从而错过了新的时代潮流。柯达和诺基亚也重蹈了覆辙。

不只是在高科技领域，像 Toys“R”Us 和沃尔玛等被亚马逊效应绊住了腿脚的企业数不胜数。即便是亚马逊，也不可能让今天的成功永远持续下去。在拥有了冠军地位的瞬间，基础就已经开始错位了。

**迈克尔·波特提倡的竞争优势，只不过是过去的幻想**。正如里塔·麦格拉斯[①]在其《竞争优势的终结》（2014 年出版）一书中所识破的那样，市场环境总是处于动态变化之中，竞争优势这

① 里塔·麦格拉斯（Rita Gunther McGrath）：美国哥伦比亚大学商学院教授，自 2013 年开始担任经营战略学会首席研究员，目前已成为在经营思想领域拥有影响力的学者之一。其著作《竞争优势的终结》（*The End of Competitive Advantage*）断言，“迈克尔·波特的竞争优势理论已经过时，必须根据市场变化对战略进行及时调整”。

一定位，只不过是过去的幻想而已，自己产生了已经处于竞争优势这一错觉的时候，才是最危险的。

**21世纪的战略必须站在建构总在变化中这一前提之上，无论是从周边被拆毁，还是从自己这边拆毁，持续拥有超越建构的动力，是解决问题的要义。**

## 了解所处地位，将其持续错移

利用框架，明确自己暂时所处的位置，这是很重要的。但是，这说到底只是为了来拆毁的。以拆毁为前提，将其**作为解决问题的出发点，首先要将其建构化。**

**在开展建构化时，要使用两条轴线，通过两条轴线把世界进行划分，就能够在相关性中把握现象。**与人的视野一样，通过两个视角来观看，事物看起来就立体化了。例如，通过用两条独立的轴线重新把握“价值和成本的相关性”，就能看出新的相关性。

对于立体化，有人认为还是三条轴线好。但是，对普通人的大脑来说，从视觉上很难处理三条轴线。

轴线的取法有多种，既有像波士顿矩阵那样高明的轴线取法，也有灵敏度差的轴线取法。即使说轴线的取法决定着解决问题的质量也不过分。

**发现新的竞争轴线，就能够在完全不同的维度产生创新。**例如，丰田公司通过把“时间”设定为新的竞争轴线，得以从立足于规模经济的福特生产方式[①]的束缚中解脱出来。

顺便提一下，咨询界大都会把世界大胆地切成几块来看，所以，大家对轴线的取法还是要引起高度重视为好。我劝告大家，最好是一边听着客户说话，“这个人是用什么样的轴线把世界切开的”，一边迈出一步验证头脑中形成的想法。

**用两条轴线看，把它归结为框架（结构）。这是解决问题的出发点。**

这时，最好能够做到将轴线某种程度地数值化。即使不能数值化，也要任意将其分成从 0 到 5 的数字。“你是把它划到 5，还是把它划到 0”这一出于主观判断的问卷调查，如果达到了一定的样本数，那就成了可以作为事实的数据。

但是，建构化充其量是分析的出发点，**真正解决问题的关键在于位置如何错移。**

“造出来就破坏，破坏了再造”，这一运动论与前文讲到的假设思考一样。**假设本身可凭直觉来设定，但是要想验证它，必须要在逻辑上将其建构化。**在此基础上，**在现实中将其破坏，重新设立新的假设。**

世间并非一幅静止的画。市场瞬息万变，商业竞争对手也在变化，如果不经常留心的话，自己公司就会有被错移的风险。

---

① 福特生产方式（Ford System）:20 世纪 10 年代亨利·福特（HenryFord，1863—1947）在福特汽车公司开展的大量生产方式。当时，每台汽车都是由买主定制，并且只有黑色的一种款式。通过这一方式实现了大量生产和价格大幅下降，为汽车走向千家万户做出重要贡献。另一方面，工业化所带来的流水线作业这一工作环境的改变也招致了一些人的批判，被查理·卓别林（Charles Chaplin）的初期代表作《摩登时代》（*Modern Times*）搬上了银幕。

但是，这样做还是被动的。为了实践进攻的战略，自己要“**率先将位置错移**”。尽管我们不是迅销公司的柳井正先生，但也要经常思考“是变革还是死亡”（Change or Die）。自己如果不主动改变，只是一味保守的话，早晚会被淘汰出局。

以下是对本章介绍的所有框架通用的一句话：不能满足于画出的矩阵，要思考“那么，该怎样做呢”“接下来，怎么动一下才好呢”。

**在框架中的定位，充其量是那个时刻的出发点。**

## 框架总结

- 建构化是解决问题的出发点。
- 选取两条轴线，嵌入矩阵中，这是建构的基本技法。找出新的竞争轴线，成为创新的开端。
- 不要被建构束缚，如何错移成为解决问题的主战场。

第 7 章

# 分析的韵味

## 事实是这样创造出来的

毕业新生一进入麦肯锡，开始都要以商务分析师的角色进行分析工作。有人认为，这项分析工作的回报与付出不成正比。这是因为，无论是答案，还是推导出答案的分析，都不知道有多少。

并且，重要的是答案及推导出答案的逻辑和感受。分析只不过是达成目标的环节之一。企业的领导对周密的分析不感兴趣。即使在报告书中留有分析，只要不能让人感到饶有兴致，就会被放进补充材料里。

我在麦肯锡工作的时候，有时也会遇到非常优秀的新人。虽说是新人，但是当我问他："这个问题，你怎么分析？"他的回答是，"这个课题本身就是错的。请您告诉我您想要怎样的答案。Yes 和 No，哪个是您满意的呢？哪一个我都可以给您分析一下"。我一听他这样回答我，就知道他有备而来。也就是说，他先提出假设，真正抓住了分析的本质。

分析要利用事实。在事实中也有能够数值化的历历在目的事实，但是，我们的分析大多数都要从创造事实开始。把现有的政府统计等数据直接拿来用，这并不是新的发现，所以，要重新创造事实。

## 证明假设的问卷调查

问卷调查就是这样一种手段。针对提供给答卷人选项的提问，把答案做出如 1 分到 5 分的数值化处理，将得出的结果当作事实。例如，顾客满意度这一事实就是通过这样的办法人为创造出来的。

当然，**因提问的方法及选项的制作方法的不同，结果会发生改变**。既有得出大多数顾客都抱有不满情绪这一结果的提问方法，也有得出与此相反的结果的提问方法。

所提的问题大多数都是为了证明自己的假设，假设的设定水平成为决定成败的关键。例如，想证明已被世人公认的道理，就只能以这个道理被再一次证实而收场。

因此，我们要尽可能地设计怀疑世人公认的道理的问卷调查。把“意外的真实”及“不合情理的真实”设定为假设，通过问卷调查将其烘托出来。那样的事实会给人新的发现，推导出有助于创新的高水平的分析结果。

## 把不同来源的数字加在一起

作为除此之外的事实的创造方法，经常被使用的是**加工数字**。说是加工，当然不会随意对数字做出改变，而是把不同来源的数字加在一起、改变前提或切入点的手法。

例如，这样的情况：今后，日本的人口将不断减少，日益少子老龄化，这一人口金字塔的预测根本谈不上是什么新的分析结果。但是，在这里，把法国的人口变动重叠起来看会怎么样呢？法国也曾经出现过与日本同样的少子化倾向。但是，1993—1994 年间 1.73 的探底出生率，到 2008 年恢复到了超过 2.00 的水平。因为举国一致，不断推进向“能生小孩的国家、能养育小孩的国家”转换。这是被称为“法国悖论”[①] 的现象之一。

把这个法国人口金字塔的推移与日本的相重叠的话……日本什么也不做的话，将会沿着少子老龄化一条路走下去，但是如果采取法国那样的政策，可以期待出现与法国同样的变化。这就是推导出了新事实的原因。

与其说是事实，不如说是模拟。但是，本来众多的人口预测本身，只不过是延长了过去趋势的模拟而已。少子老龄化这些事情谁都清楚，即使对其感到躁动不安也无济于事。站在如何才能改变这一现状的角度思考时，**把两件事实重叠在一起得出新的答案，这样的事情也不少。**

## 看到例外的数字

创造事实的另外一个方法就是，**敢于看到例外的数字**。

以少子老龄化这一例子来讲，“大家都在说人口减少，但是，人口增加的地方是哪儿呢”，这是一种看问题的方法。这样一来，

① 法国悖论（French Paradox，也称“法式矛盾”）：违背定论的现象或结果。源自法国人虽然较多地摄入肉食和葡萄酒，但是与定论相反，动脉硬化的患病率和心脏病死亡率都很低。

就看到了（也许能看到）人口增加的地方采取了与人口减少的地方不同的政策及举措起到作用这一事实。据此，就能够改变讨论的方向。

**看到例外比看到平均数和全貌更加重要**。在大多数情况下，例外之处隐藏着此前容易被看漏的重要事实（盲点）。

## 采访的威力

最狡猾的创造事实的方法就是采访。

采访有两种方法。

一种是**专家采访**，即向专家问答案。只问一个人不是事实而是意见，问5位专家，能看到某种凌乱的事实及倾向，那就成了一个事实。

另外一种就是**小组采访**，即通过对数人的采访看到带有某种倾向的数值。只是那样的话，因为人数太少，为了得到不被统计遗漏的人数，实施有选择的问卷调查计算结果，就可以做到数值化。这样让人信服的事实就被创造出来了。对从事市场营销的人来说，这是非常普遍的手法。

不过，小组采访和问卷调查的结果与实际行动不一致的情况经常会出现。例如，对有利于环保的商品要多支付一些价钱等这样的选项，有些人出于面子上的考虑会选择该选项。实际上，经过价钱比较，他们还是会受买便宜货的习气驱动。这是经常会看到的场景。**小组采访和问卷调查并非实际行动，只不过是表示“那样想”而已，**对此应该好好理解。

## 数据采矿和假设思考

最近，经常看到利用大数据和AI得出答案的事情，有时也会发现意想不到的关联性。虽说如此，**即使有关联性，那样的假设也难以设立起来的情况并不少。**

下面是一个很有名的故事。

在大型超市，不知为何，出现了尿不湿和啤酒捆绑在一起销售的倾向。也就是说，在收银处，经常会看到把这两种商品放在同一个篮子的情况。咨询界称其为“篮子分析”。

因此，有人就得出了如下推论：母亲偶尔让父亲去超市买尿不湿，难道父亲不会为了犒劳自己而顺便买点啤酒喝吗？于是，在男人要来的超市里，都要放上尿不湿。但是，那样做果真就能促使销售额上升吗？

女性也要喝啤酒，尿不湿和啤酒两者都是体积大、分量重的东西，所以开车来购物的时候，就把它们一起购买了。这样的假设不也成立吗？

这样说起来，与其设定一个很难站得住脚的假设，不如通过“篮子分析”真实地反映情况，在尿不湿的旁边摆上啤酒，这才是最有效果的做法。

不过，把大数据的分析结果不经过逻辑上的推论就与采取的行动联系在一起，到最后完全落空的事情也不少。

前段时间，我想在亚马逊订购一本亚里士多德的书，不知为什么，网站给我推荐了一本古罗比斯的会计入门书。喜欢希腊哲学书的人也喜欢会计书，这样的事情按理来讲难以站得住脚。但是，我马上猜想到了其中的理由。

那时，在我所负责的某家大型连锁超市的研修班上，这两本书被指定为学员上课之前的必读书。因此，这两本书足足超过100份的订单肯定集中在一起了。实际上，这两本书中的哪一本都不是能够那样大量售出的。AI将这两本书异常的相关性如实地反映出来，给购买图书的人发送了推荐。

想必亚里士多德（如果还活着的话）和古罗比斯对出现这样的情况也会感到很吃惊。

最近，还出现了下面这种情况：通过运用大数据，发现“父亲节”和“短裤”具有很明显的相关性。的确，彩色短裤的价钱比较适中，并且也不是可以让外人来帮忙购买的东西。于是，在父亲节，女儿给父亲送上彩色短裤作为礼物这一“推论”得以成立。并且，这一推论好像真的变成了现实，据说乐天从第二年开始大量购进彩色短裤并大获成功。

不过，这难道不是有点小题大做了吗？即使不用大数据分析，也是完全可以想到的假设。至少大家还会记得，在优衣库的店铺里，彩色短裤作为父亲节的热销品种摆在了店铺显眼的地方。

不管怎么讲，这种出乎预料的相关性尽管是从大数据分析得出的，关于其理由的推论在实际的销售额提升上发挥了什么作用反倒还很少听到。不是利用大数据，而是从假设推论取得成功这一相反的情况倒是比较常见。

下面介绍因考虑到有带着婴儿前来购物的母亲的情况，从而对店面做出改善的事例。这是沃尔玛并购了西友之后发生的事情。

以前的沃尔玛，把婴儿的衣服，以及尿不湿和奶粉各自摆放在衣服、日用杂货、食品这几个货架上。这是被称为“种类管理”的方法。因此，西友也想借用这个方法，结果这些商品就被摆放在了不同的楼层。

但是，带着婴儿来购物才正应了那句“15 分钟内决定购物成败”的话。母亲若想在婴儿哭闹之前离开商店，把母亲想购买的所有东西都汇总在一个地方对其会大有帮助。

想到这一点，有一位女性跟单员[①]专门为带婴儿的妈妈打造了货架。当然，此举违反了沃尔玛的规定。结果，销售额呈现了很高的增长率。人们口口相传，此前带着婴儿到其他超市购物的妈妈们，都改成去了西友。据说这一信息传到了美国的沃尔玛总部，沃尔玛总部也模仿此举推出了类似的货架。

## 削繁化简

西友的例子和啤酒的例子看起来相似，实际上却正好相反，完全不同。西友的例子与大数据的数据分析完全没有关系，带着婴儿来购物的母亲的需求被有着相同经历的跟单员准确地抓住了。从根据她的亲身经历设定的假设出发，尝试着做了做，销售额竟真的提升了。就是这样一个简单的过程。

---

① 跟单员（merchandiser）：在超市等营业场所，对于特定商品，从进货到销售一直负责的人。

**与依靠大数据所做的低水平的“篮子分析”相比，还是这样的假设更正确。**

想象一下具体的顾客A女士（人），设定A女士发愁（pain）的场景和喜悦（gain）的场景。想象几个“有了，有了”这样的场景，设定多个假设，顺次进行验证，从结果来看很快就会找出答案。

用不能给出一切预判的数据分析得出答案，即使答案做得多么有趣也无法开始实践。**在分析的时候，削繁化简到一个有意义的假说是很有必要的。**

大数据、数据分析在某种程度上是麻药，总是给人一种无论是什么都必须得出点结论的感觉。原本是为了发现有影响的、有趣的、假设的手段之一，却想依靠它得出什么重大结论。抱着这样的想法本身就是错误的。这是**因为相关性和因果性根本不是一回事。**

与其那样做，不如像第6章所说的那样，尽可能简单地取出两条轴线才是易于接近有影响力的做法。

**轴线可以想出无数条，但要选择其中最有影响力、容易用来实践的轴线。**

**答案有无数个，轴线也有无数条，削减、削减、再削减，发现两条“韵味”最好的轴线，从中得到因果关系。**这才是真正的“韵味”最好的分析。

## 并非静态的“建构”，而是创造动态的“潮流”

因果关系也分很多种，**二律背反也是一种因果关系**，其实就是那种把这边立起来那边就立不起来的关系。在这种情况下，即使在某个时点看起来是那样，但是用时间轴错移来看，就会发现它们未必是二者择一的关系。**现在这个瞬间，选择了 A 就不能再选 B，但是，也可以从 A 出发向 B 靠近**。

**决策能够多次进行**。人生如此，工作也是同样。一直到死仅做一回决策，那样的事情几乎不会存在。即使失败了也要多次重来。或者说从失败中学习，然后逐渐做出明智的选择。

反过来说，不应该做出以公司为赌注那么重大的事情。可以做那些**即使失败了也不会伤筋动骨且能够承受的事**。于是，通过在现实中实施此前还是假设的推论，接下来就能够得出比以前更加明智的判断了。可以把这种方法反复进行下去。

在这种情况下，重要的是**每次都要重新判断**。按照我的说法，就是要**从竞争优势（取舍关系）转向学习优势（兼顾关系）**。

一张一张动画片胶片都是静止画面，所以，如果不把多张重叠起来，就无法看到实际的动作。也就是说，要以看动画片的视角来看静止画。分析人士经常犯的错误，就是看到瞬间的静止画面就想做出是 A 还是 B 的判断。并非是那样，而是要洞察其背后的动态。这样才能看到哪里有变化，才能看清将会发生怎样的改变。这样动态地看问题才是最重要的。

分子生物学家福冈伸一先生提出了“动态平衡”[①]的看法。他不把包罗万象的事务从空间上去把握而是从时间上来处理。瞬间就能够看出以某种形态出现的事物，其实在时间轴上总是处于变化之中的。

例如，人虽然看起来一直是同一个个体，实际上根据吃的东西的不同，个体总是处于变化之中的。我们是依靠最近 3 个月里吃掉的东西活着的。因此，他说，“如果改变了食物的话，3 个月后你就会发生改变”。

野中郁次郎[②]先生将其称为“潮流”。潮流虽然看起来是静止不动的，其实波动总是处于运动之中的。作为单个潮流来看的话，它是拥有形体的，但实际上，一个一个潮流连续起来就是波动。

波动和形体两者之间也可以说是微分和积分的关系，把每一滴水滴比作微分的话，只是一般的波动，不是在流动，只是在摇动。但是，它作为积分的话，就能看出是一个潮流。

---

① 动态平衡，从微观来看功率（或能量）的输入输出在频繁地进行，由于从总体来看保持着平衡，看起来好像是没有发生任何变化的状态。生命就处于“动态平衡状态”，这是由犹太人科学家 Rudolph Schoenheimer（1898—1941）于 20 世纪 30 年代经过大量实验得出的结果。

② 野中郁次郎（1935— ）：一桥大学名誉教授、美国加利福尼亚大学伯克利分校特别名誉教授。研究日本的制造业，提出了创新的本质的“知识创造”理论，与其他学者围绕日本军队战败过程展开共同研究提出了“失败的本质”理论等，因提出这些理论被学界所熟知。他是一位使企业经营者深受影响的经营学家。

## So what

分析也是同样，如果不做**微分和积分的往复运动**就看不清本质之所在。

有“神在细微之处”这句格言。只要没看清细微之处，就无法看清楚本质。这就是所说的“微分之劝”（劝导人们在分析问题时要注意采用“微分”的方法）。

市场是由“看不见的手”推动的，如此一语道破市场本质的判断是亚当·斯密[①]做出的。即使用放大镜仅盯着细微部分，也难以看出大的动作。要想看准整体的相关性及潮流，必须利用鸟的眼睛也就是积分的力量来看，这就是所谓的“积分之劝”（劝导人们在分析问题时要注意采用“积分”的方法）。不具备这两个方面的话，就不会看清实体。

关于 So what（那又怎么样）也介绍了，但是，在看清了细微部分之后，再一次在整个潮流中重新询问的作业也可以说是 So what。分析人士如果洋洋得意地说出“这里发现了这样的事情”，那么就要反问他“那又如何”？**在那一个现象的背后，巨大的潮流及力学是什么？**只要不围绕推论达到“那又如何”的程度，就难以看清不断变化的市场、企业及个人的真正变化。

① 亚当·斯密（Adam Smith，1723—1790）：亚当·斯密对于“现代市场经济体系的自我完善性”给出了明确定义。即使每个人都是出于利己的动机而付诸行动，如果把这些无数人的行动集聚起来看，就会成为与每一个人的意图完全无关的整个社会的利益（《国富论》，1776 年出版）。

**So what？再一次询问那个分析所具有的意义，分析不要仅仅止于分析，还要带有信息。**正因为如此，越是有趣的发现，越需要认真思考其中隐含着的对于经营的意义——“这意味着什么呢”“在说明什么呢”。为此，要不断自问So what。

没有So what的分析，也许在学术领域有价值，但是，对实际的经营来说，则没有任何意义。

**经营不是人体解剖学，而是对鲜活生命的推动。**

## 本章总结

- 答案不是一个，而是有无数个。
- 事实不是使用有的东西，而是新创造的东西。把多个数据加在一起，开展采访及问卷调查，可以发现新的事实。
- 不要被大数据牵着走，“韵味”好的假设是关键。
- 简单地削减，就能看清本质。
- 分析（微分）之后，构建（积分）决定胜负。
- 不是静止画面的“建构”，而是要把握动态的“潮流”。

第 8 章

# 作为故事的战略

## 麦肯锡的“副歌开头”

在本书的开头，讲述了解决问题的七个步骤中最初的两个步骤，即问题的定义和建构化，并强调了它们的重要性。实际上，最后的两个步骤也与它们同样重要。

把依靠分析发现的事情统一起来，将其上升为提案，才算完成了一份作业。如果没有提案，仅有分析就结束了，客户到最后都不知道该做什么才好。

做完最初的两个步骤，就算完成了解决问题整个工作的50%，中间的三个步骤相当于20%，最后的两个步骤可以说占40%（总计超过了100%）。其中，也有著名咨询人士认为最后的两个步骤占50%（那样的话，总计就达到了120%）。不管怎么说，如果最后的总结不起作用的话，此前所做的一切就等于打了水漂。

麦肯锡开展的训练项目之一“电梯漫谈”，即偶尔与老板同乘一部电梯，在乘梯上下楼的十几秒之间，能够传达多少本质性的东西。

**在十几秒里，能够把关键信息简洁、准确地传达吗？**这样一种训练，**不是为了事实的要点（概要），而是说出事实的意义（综合），以及应该做什么的建言。**

另外提一下卫生间漫谈，虽然不如电梯漫谈那么有名。当然仅限于男性。也就是说，有了偶尔相邻站立的机会，该如何有效利用呢？相邻站立的 30 多秒的时间能否说点什么？与电梯漫谈同样，什么事情、应该做什么，能否用一句话说出来。必须要磨炼这样的技巧。

因此，**在麦肯锡，发表自己的意见时要先说结论**。开展一种不喋喋不休、不得要领地说话的训练。

也就是说，在麦肯锡，要先把最厉害的王牌亮出来，用歌词来说就是先拿出“副歌开头”。把一决胜负的叠句先唱出来，在迎头碰上的紧要关头以猛烈的气势顶回去，把对手打得人仰马翻。

在麦肯锡给出的答案里，对方的空虚之处被击破那样令人意外的答案有很多。而且，拥有那样重大影响的结论都已经装在了大脑里。

具体来看应该怎样做呢，请参见图 8-1。

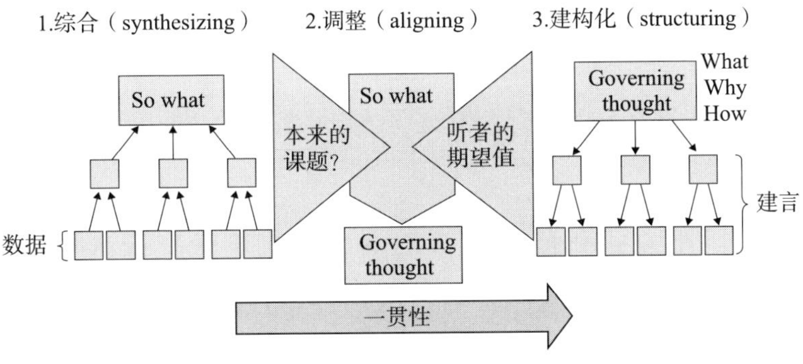


**图 8-1　完成提案的流程**

首先，从分析的模块开始，So what 推导出那又怎样？

其次，本来课题是什么？对回答该课题进行验证。

再次，从提问人的立场来看，判断“有什么新发现”。

经过这些程序，得出结论（governing thought）。

这个结论就是“副歌开头”的“头”。其内容通常由 what、why、how 三部分构成。

只问 what 显得有些唐突，所以必须接着问 why。要想得出具体的做法，how 也是不可或缺的。

但是，只是这些的话，虽然从逻辑上来看没问题，但是过于想当然了。换句话说，缺少了“副歌”。

再者，这三个构成的顺序不同，影响也会不同。假如得出的**what 是比较平常的事情应该怎么办？也就是说，是不是有必要连问三个 how 呢？反过来，如果 what 得出的是意外的事情，就有必要连问三个 why。**

不过，正如前文所述，如果是 what—why—how 这个顺序，虽然逻辑通畅，但就变成了过于常识性的故事了。这个道理难道大家不是老早就知道是怎么一回事了吗？**最大的问题就是，尽管明白是怎么一回事，但是不知道该怎么做，或者不想做，不是吗？**

因此，正如我在前文所讲的那样，我总是要**在 what、why 的后面加上 Why not yet。为什么那件事没能做成？这才是问题的核心。**

用前面所介绍过的咨询专业术语来说，这就是“窒息点”。

**如果能够明确这一点的话，how 也并非是想当然的“应该**

**论”，而是可以推导出将这个窒息点错开的有效方法。**

**所谓“副歌”是指这个 Why not yet 的答案，也就是挖掘出本质性问题的窒息点。**没有那样的“副歌”的提案，就不能得出具有影响的发现，也不能用来指导实践。

## 波士顿的解谜之旅

在最初就尽可能地以有影响力的形式给出结论，这是麦肯锡方式。波士顿方式正好相反。图 8-2 揭示了两者的差别。

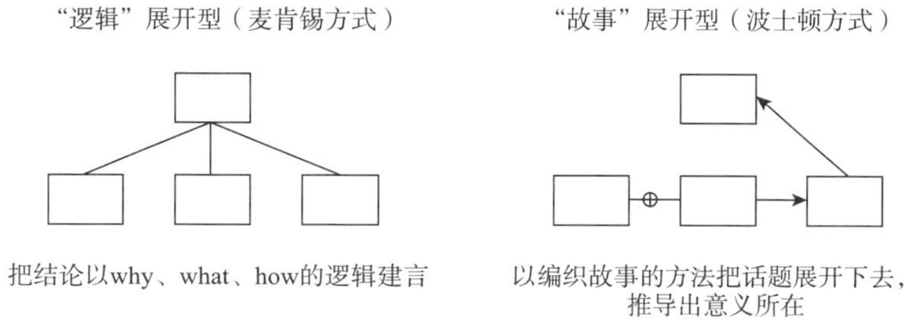


**图 8-2 建言的两种类型**

与其说波士顿方式把结论放在最后，还不如说它直到最后也不说出答案，而是按照对方能接纳的顺序谈下去，连客户都是在倾听的过程中看到了答案。因为假如在说出结论之前就知道了答案，客户会感觉是自己发现了答案。所以，在将答案付诸实施的时候，并没有“别人让自己干的感觉”。

“啊！我知道了！波士顿的顾问先生，答案就是它！”让对方这样说出来就是胜利。“嗯，嗯，是啊！是啊！”波士顿方面这样应答。得出了答案，就连原本那样诱导对方的波士顿自己都感到很吃惊。真是水平高超的演员！这和让对方挨了一击，自己显出得意扬扬的样子的麦肯锡做法正好完全相反。

波士顿的手法与丰田生产方式（TPS）也有某些相通之处。这种方式就是，领导人从来不自己说出答案，而是让身在现场的员工彻底观察和思考，等待现场的员工说出“如果这样做就好了”。只有这样，解决问题的能力才能在现场扎下根来。

给员工创造思考的现场，是TPS的真正目的。如此，烦恼力，也就是“恼力”才能与“能力”连在一起。

由于人和人的不同，既有让别人“先把结论说出来”这种性急的人，也有讨厌别人长篇大论的人。如果是这种情况，还是麦肯锡方式为好。但是，猛然说出结论有时也会招致对方的反驳，想要扩大影响力反而会带来相反的效果，让对方生气，导致对方不听随后的why及how的事情也时有发生。

实际上，在我年轻的时候，也曾经让某家大型公司的美国分公司的总裁发怒过。在提案的开头部分，我活用互联网的新兴势力的崛起，以“贵公司的确在走向崩溃”一句话刹住了对方的威风。结果，那位总裁一副不高兴的样子当场离席而去，再也没有回来（不过那个人是位日本人。我想，如果是美国人的话，他可能会想先听到让他大吃一惊的结论的）。这样的人，如果我用波士顿方式的表达方法，他肯定会顺从地听取意见。麦肯锡方式偶尔会像这样让对方发怒。以副歌开头，如果副歌用过了头，就会产生“高风险、高利润”的效果。

楠木建[①]先生有一本名叫《作为故事的竞争战略》的畅销书，他在书中指出，还是波士顿方式有故事，听着觉得很有趣，不知不觉之间就“上当”了。

就像警察破案也有两种方式一样，既有可伦坡采取的那种首先就假定特里克是犯罪嫌疑人，然后对其穷追猛打的方式，也有像神探波洛[②]那样以一起解开谜团为乐趣的方式。这也可以说是麦肯锡方式与波士顿方式的区别所在。

你是可伦坡派，还是波洛派？

## 麦肯锡解决问题10原则

第一部分渐渐接近尾声了。在此以麦肯锡解决问题10原则为基础，把此前讲过的解决问题的基本技法做一下总结。

**（1）被视为“问题”的事情未必是本质性问题。**

作为解决问题的出发点，在设定课题时应该引起高度重视的

① 楠木建：在担任一桥大学商学部助教及该大学创新研究中心助教等之后，于2010年成为该大学研究生院经营管理研究系国际企业战略专业教授，其专业研究领域为竞争战略和创新。2010年，其著作《作为故事的竞争战略》荣获第二届商务图书大奖，成为畅销书。

② 神探波洛：英国推理小说作家阿加莎·克里斯蒂（Agatha Christie，1890—1976）笔下的著名侦探。在《东方快车谋杀案》等多部作品中出现。被搬上多部电视连续剧和电影，读者及观看者如同身临其境般与波洛一起破案，最后把相关的当事人召集到一起说明破案的细节，锁定犯罪嫌疑人。

是，当事者认定的大多数问题都不是本质性的问题。为什么这样讲呢？因为假如当事者明白这是个问题，那么问题其实也已经解决了。

**（2）用大视野重新判断。**

当事者为什么会陷入这种局面呢？为什么没有认定其他选项呢？暂且拉开距离，在全貌中重新判断这些问题。于是，就会清楚当事者所说的这个是问题、那个是问题很多时候都只是表面现象而已。

**（3）从假设开始。**

即使像大数据分析那样，毫无目标地设法收集事实展开分析，但真正的答案无法看清。应先从假设开始，如果事实与之不符，就要重新设定假设。通过如此反复进行来迫近本质。

**（4）无遗漏、无重叠地把问题建构化。**

这时应该注意的是，在对整体有了充分把握的基础上，还要检查其他地方有无遗漏。这是因为，问题大多隐藏在没有看到的地方。从这个意义上来讲，在 MECE 分析中，即使有重叠也不要紧，但不能有遗漏。

**（5）聚焦成为关键的变量。**

寻找窒息点，也就是绞住脖子的那个点。

**（6）尽可能简洁化。**

尽可能尝试着把问题简洁化，看清什么是可变值，什么是固定值，然后将其公式化。

**（7）正确的答案不止一个。**

与自然科学不同，在解决问题时，正确的答案有许多。这与登山有多条路线是同样道理。被认为是快速到达的路线，往往也是相当危险的路线。不管怎么样，答案有多个，重要的是不能仅考虑一个。

**（8）破坏之后再构建。**

刚设定第一个假设，就一发击中，这样的事情几乎没有。通常都要把“破坏—构建”重复进行。要自我否定，将问题放大了看，将问题扭过去看。

**（9）要珍惜偶尔出现的答案忽然冒出的瞬间。**

在将（8）反复进行的过程中，就好像忽然得到了什么启示，一瞬间，答案一下子冒出来了。这个瞬间，一般是正处于穷途末路之时，更确切地说，是马上要柳暗花明之时。就像阿基米德在浴盆中突然想起答案（后来被称为阿基米德原理[①]）一样。对因过于纠缠反而难以看清的事物，要把视线稍稍移开，移开的时候就看清了。一定要珍惜那个瞬间。

不过，遇到那样的瞬间必须具备几个条件，其一就是深入思考，如果不是那样的话答案不会冒出来。虽然有人希望问题马上就能迎刃而解，但那是不可能的。不经历一段时间的苦思的话，答案不可能冒出来。

“黎明之方案”这一惯用语曾经在麦肯锡内部很流行。经过一整夜的苦苦思索，还在为找不到答案而深深苦恼，就在夜将

① 阿基米德原理：流体中的物体受到了与排掉的流体同样重量大小的向上的浮力。据说阿基米德（Archimedes）接受了国王交给的在不破坏王冠的前提下确认真假的这一任务，正当他一筹莫展之时，在入浴时看到了澡盆里的水溢出来，受此启发出色地解决了这一难题。

破晓那一刻，答案突然浮现在脑海中。不过，到了拂晓大脑迷迷糊糊，本来已经看清了答案，结果却被当成了错觉，答案很可惜就溜掉了（笑）。不管怎么说，从工作生活两不误的角度考虑，最近这句惯用语不再那么流行了。

**（10）没有问题才是最大的问题。**

经常有人说本公司没有问题，本部门没有问题。但是，这就是相当深刻的问题。因为没有问题的地方也就没有成长。反过来说，课题成堆的地方也是充满成长余地的地方，一个一个的问题会成为接下来的一个一个的成长机会。

## 是煽动危机感还是点燃使命感

### 从驳倒到共鸣

麦肯锡的咨询方法是通过逻辑思考以一句“答案不是这个吗”来驳倒对方。与此相反，波士顿不给出答案，而是一边讲故事，一边与对方一起解开谜团让对方留心答案，把引起对方共鸣作为自己的咨询方法。

提案要落实才能发挥其作用。把对方打得人仰马翻，虽然说是胜利了，但只会招致对方的反感，假如该提案对方根本不想做的话，那就会鸡飞蛋打一场空。对此，我自己也在深深反省。

要想引导提案得到落实，逻辑只用一半，把提案做到让对方感觉已经产生了共鸣即可。从对方的角度来看，这件事自己能否热衷去做，能否把它作为自己的事情来听、来反省，能否确信自己一定要这样做，要从这些观点写提案，并将其逐渐完善。

日本一家成长很快的大型跨国公司，经常灵活邀请这两家咨询公司为其出谋划策。据说该公司偶尔想听到令其大吃一惊的结论时，就会委托麦肯锡为其提供咨询，通常是每三年开展一回。不过，麦肯锡的结论虽然令其深受刺激，但很难在该公司得到落实。因此，在这个时候，该公司又委托波士顿，让波士顿来落实具体战略。要想把别人提出的建议变成自己的东西，还是波士顿的做法容易让人接受。

## 启发其察觉的提问能力

和波士顿的咨询顾问一起共事的话，客户经常会感觉到"自己比咨询顾问还明白"。这是因为波士顿的咨询顾问不是驳倒对方，而是让对方自己发现答案的，这是波士顿所采取的手法。

所以，即使明白也不回答，等待对方自己察觉，或者是采取追问的做法，而不是采取自己断然判定、洋洋自得那样的表达方法。"这样来思考一下看看将会怎么样呢？"或者，"对于这样的思考方法你是怎么想的呢？"通过与客户开展这样的对话，给对方造成一种因事情进展缓慢而多少有些急躁不安的感觉，催促对方自己说出答案。这就是波士顿咨询的特征。

形象一点说的话，咨询顾问和客户的关系正如旅程中的旅伴一般。尽管从结果来看已经看到了终点，但是，并不是一条直线那样拉着旅伴行走，而是一边好像找不到路的样子一边前进。也许与攀登珠穆朗玛峰那样的高山时的搬运工很相近。不是跟对方说这条路不能走、只能走那条的类似“神谕”的告诫，而是在路口处说“那么稍微休息一下吧”，等着对方发现那条路。

## 危机感和使命感

关于麦肯锡与波士顿的咨询方法的差别，如果换种表达的话，也可以说是煽动危机感与点燃使命感（志气）的差别。

人行动的动机大体有三个，即**成就感、危机感和使命感**。

其中，成就感就像是“登山去吧，因为那里有座山”，容易提出明确的目标。普通公司所指的目标都是些容易实现的目标。但是，为什么说实现一个目标是非常重要的呢？如果对此不能达成共识的话，要想让组织成员都有“那个干劲”是很困难的。而且，如果这个目标实现了，还需要有下一个目标。

危机感的目的在于**使人受到鞭策**。一旦明确了不能再维持现状的话，人就会做好不得不改变现状的精神准备。但是，只要不是已经到了火烧眉毛的时刻，仍然还是提不起“那个干劲”。也就是处于“水煮青蛙”[①] 的状态。即使用危机感激起了人们的干劲，等到危机度过以后，又会重新回到维持现状的舒适安逸的安

① 水煮青蛙原理：对于应对缓慢进展的危机，以及环境变化的重要性和难度要保持高度警戒。如果把青蛙放进热水里它会受到惊吓而奋力跳出，但是如果放进常温的水中之后慢慢加热，它就会习惯于水温的变化，在没有发觉到生命危险的过程中被烫死。该原理正是出自这一寓言。

乐窝状态。譬如说，就像一个人通过RIZAP进行了三个月的塑形之后，又什么都不注意，突然反弹回去了。这种危机感搞不好的话也会给人造成这种印象。

与成就感和危机感相比，**使命感让组织全员都有“那个干劲”**。

我们是为了什么而存在的呢？想为社会发挥点什么作用吗？如果能够让大家共有使命意识，每一个人就会像对待自己的事一样投身于变革之中。并且，那种使命感越强越持久。

**麦肯锡擅长使用的技法就是用危机感追逼对方**。对方要想从这个危机里逃脱，只能开展根本性的变革。麦肯锡也与RIZAP同样，用三个月决出胜负。不过，与RIZAP不同的是，麦肯锡不“奉告结果”。为什么呢？因为提出的解决方案是否落实那是客户方的责任。

**波士顿是通过问对方“你是否真的想过要做这样的事情”来点燃对方的使命感**。接着，“如果是的话，还有这样更进一步的做法”“如果能够这样更进一步地做下去”等，不是指出对方存在的问题，而是扩展解决问题的可能性。即使花上三年的时间，也坚实地陪伴客户将变革进行到实质化程度。这样说的话，也许有些人会认为，难道不是波士顿的做法更好一些吗？但是，根据实际状况的不同，也有不能让你那么慢条斯理地说下去的情况。而且，不同的公司，其想法和愿景也不相同，有的希望用较短的时间给其以刺激，有的希望让其产生危机感。

不管怎么说，重要的是对方是否产生出了干劲。即使确立了正确的课题，开展了正确分析，还要看对方是否产生出了干劲，这样成功和失败就可以大体上被区分出来了。

## 行动如果不继续下去就没有意义

如上所述，麦肯锡方式与波士顿方式在给各自的客户提供建议时使用的提法大不相同，但这只不过是两个流派的不同而已。所要达到的本质性的目标是相同的。也就是说，**最后不落实在实际行动上就没有任何意义。**

为此，开展如下四个方面的实践，反映从中所学并不断修正行动是非常重要的。

- 大家共有一个目标。
- 明确那个目标和现状之间的差距。
- 挖掘出差距产生的原因（为什么搁置到现在）。
- 把弥补差距的行动，按照时间轴和责任人进行划分并明确化。

解决问题大体上分为如下四个步骤：

**从 0 至 1 是最初的一步，也是发现答案的一步。**正是从什么也没有的地方找出答案的这一步，才最能看出创造性。但是，如果仅理解什么是正确的，答案就太过简单了。因为只是理解的话，什么事情都不能向前推进。

**重要的是第二步，即把 1 做成 10 的过程。**也就是说，这是一个具体从什么事情、如何开始，到如何将其扩展下去这一初期行动的过程。

**如何取得初期的成功，是否能够将其横向展开，成为实践上的关键。**

但是，仅有这些的话，还不能使整个公司发生改变。因为这只是一部分组织出现了变化的征兆而已。“那些人果真那样做了的话就好吗”“如果出现了那样的结果，我们也要那样做”，必须这样扩展到整个组织。

**第三步是从10到100的过程。在这里，通过从10扩展到了100，组织才发生了重大变化。**

但是，即使这样还仍然没有结束。不是停步在那里，必须把从0到1、从1到10、从10到100这一进化的程序，以及**此后仍然不断循环往复**的动力嵌入组织之中。

**第四个步骤完成之后，才能说那个事件、那个问题的解决取得了成功。**

## 本章总结

- 建议大体上分为两种提法，是用“副歌开头”的方式开始还是用“讲故事”的方式开始，根据该企业所处的状况及听者的期望值等，以TPS灵活运用。
- 只是用建议让对方赞叹，什么也没有开始。把变革付诸实践，落实在组织的机体里，才会产生影响。
- 为此，共鸣比驳倒更关键，点燃使命感比煽动危机感更重要。

第二部分

# 超一流咨询的绝技

对于第一部分介绍的咨询的基本方法，有人认为，即使明白了也难以在解决现实问题时发挥其作用。实际上，持这一看法的人可能并不少。

因此，在第二部分，我不介绍普通的咨询方法，而介绍超一流咨询的绝技。所谓超一流咨询的绝技，也就是指大前研一先生的绝技。我比各位可能多少更接近过大前先生，也对他的咨询方法的本质进行过分析。

因而，我斗胆对经营学的巨匠迈克尔·波特的定位理论和竞争战略提出不同看法，从非连续时代的经营战略，到解构、心灵充实，对商界出现的新动态进行介绍。

第 9 章

# 大前研一的“瞬移大脑”

说起世界最高水准的咨询顾问，在我看来，依然是大前研一先生。

我在麦肯锡工作近20年，接触了全世界有名的咨询顾问，但是没有人能超过大前先生。在咨询界，要论逻辑分析能力及创造能力，也有几位出类拔萃的人物，但如果要论综合性方法的组合及运用，就没有能够超过大前先生的了。他在麦肯锡是属于超一流的，这样说就清楚地表明，在全世界的咨询行业里，他应该是实力最强的。

在这一章，确实是有些僭越，以大前先生的超强本领为基础，介绍一下超一流咨询的绝技。

## 大前实力（1）：左脑和右脑的连通能力

要想做到超一流的咨询，左脑（逻辑）和右脑（创造）的连通非常重要。这是因为，无论如何，人都很容易偏重其中的一个。在这种连通能力方面，大前先生非常突出。

麦肯锡典型的一流咨询顾问往往都是左脑派。例如DeNA（世界领先的网络服务公司）的南场智子女士等。在麦肯锡时代，南场智子女士经常有些自虐地说，“我没有右脑，我患了左脑肥大症”。她这样说的真意如何姑且不论，但她在逻辑方面的确具有出人意料的表现。

现在独立经营着一个叫作田间管理（field manag-ement）

咨询公司的并木裕太先生，在创造方面出类拔萃，属于右脑强大的类型。不过，他在麦肯锡属于例外。因为在麦肯锡，本来录用的文科生就少，它是以工科为中心，以逻辑的严谨性为卖点的。

日本之外的麦肯锡的公司同样如此。因此，我在担任招聘负责人的时候，采用了极力聘用感性思考和直觉能力敏锐的学生的方针。并木就是这些人中的第一号人物。不过，那个时期录用的优秀人才中的大部分，都在一年左右后离开了公司，自己创业了……

话说回来，仅靠右脑的话是不行的。大前研一先生自己也是拥有核能专业博士学位、本领过硬的工程师。所以，在逻辑方面他当然也拥有超强的实力。虽说如此，他的右脑能力更是超过左脑，而且超乎常人。实际上，他还翻译了很多欧美作者撰写的关于右脑方面的著作，可以说，他对右脑的研究很通透了。

对咨询顾问来说，最重要的是，右脑与左脑两者都要非常出色，而且还要拥有能够将左脑和右脑互通的绝技。大前先生自己就是那样做的。在他的大脑里，左右神经元的突触是相互连通的。

在表现突出的麦肯锡团队里，要在左脑强大的人中再加上一部分右脑强大的人，力图保持团队的均衡。说起来大前先生自己就能达到左右脑的兼顾，用超高的水平和超快的速度长期活跃在咨询界。

## 大前实力（2）：包罗万象的结合能力

以《创新者的困境》一举成名的克莱顿·克里斯坦森近年出版的书里有一本《创新的 DNA》（原书 2011 年出版，日文版 2012 年）。为了完成这本书，他花了 6 年时间，对以史蒂夫·乔布斯、杰夫·贝佐斯、阿兰·雷富礼（P&G 前董事局主席）等为代表的具有创新精神的 25 位经营者和超过 3500 名创业者进行了分析。

克里斯坦森把创新者所需具备的能力归纳为如下五个方面：**提问能力、观察能力、实验能力、人脉能力，以及综合这四者的“结合能力”**。

令人欣慰的是，他认为，这些能力绝对不是先天就有的，而是可以通过后天培育的。并且，该书还具体给出了这些能力的开发方法。但是，不管怎么说，这些方法都是使用了由上述五种技能组成的框架。对大前先生的绝技进行解读的话，我认为，前四种能力自不必说，大前先生尤其出色的是第五种能力——**结合能力**。

也就是说，他具有**把通常作为个别东西予以分类的 A 和 B 结合起来的能力**，也可以说是**联想能力**。只要一经过大前先生的手，完全不同的事物都能被神奇地结合在一起。

## 创新的原理

要想具备“结合能力”，前提是要有“**知觉能力**”，这非常重要。知觉能力是指**在不同种类的事物中找出其共通点的能力。以知觉能力为基础，把不同种类的事物结合起来，发现新的现象，便是创新的第一步**。

经济学家熊彼特曾一语道破，不同事物结合在一起时就会产生创新，即所谓的“**新结合**”。如果不把具有异质性的事物结合在一起就没什么意义，我称其为“**异结合**”。在大前先生的头脑之中，异结合经常被突显出来。

我在入职麦肯锡之后不久就发现了这个秘密。

那时，我与其他新入职的人一起被吩咐去为当时连续刊载有关大前研一报道的杂志*PRESIDENT*收集素材。

当时，麦肯锡出版了汇集全世界的咨询顾问最新的解决问题成果的宣传册。有关某个人的报道刊载得越多，那个人在公司内部的知名度上升越快，所以，大家都认可这里，世界各地的咨询顾问都把自己最好的成果往这里汇集。

大前先生把那些成果搜罗在一起，有时会对我说：“你从可持续发展的角度看看这些成果中有没有写得好的。”我从中找出这样的成果收集在一起交给他。第二天，对当时的我而言无论如何也想象不到的报道竟在杂志登出来了。

如果把最近的事情，比如优步[①]等共享经济的话题、区块链[②]和社会安全保障的话题，以及由于老龄化而引发的医疗费高涨的话题进行归类，基本收入保障制度[③]就能够实现了。这就是大前先生的神奇做法。把三个完全不同行业的话题经大前方式加以整理加工，作为一个现象就被大前先生讲出来了。

想象一下，全世界麦肯锡公司的人各自正在着手解决的最新问题，全部汇集到他这里来，然后他从中把一个个话题组装起来，而且他所采取的组装方法非常出众，所以，当时该杂志登出的一篇篇报道也非常有趣。

每一篇报道中的材料都是世界级水准的，这些材料通过大前先生一流的结合能力融合在一起。可以说，每一篇报道都堪称神奇之作。

从普通人的视角来看，其中一个话题就已经很有趣了，把这样的三个话题融合在一起，呈现的是一个了不起的世界。这堪称大前魔术。

这些引人入胜的话题每月连续报道，是一件非常了不起的事。

---

① 优步（Uber）：汽车配车网站及配车应用软件。不仅可以选择各种各样的适合自己用途的车辆，而且自己也可以利用空闲时间担当司机赚取副业收入。

② 区块链（blockchain）：分散型账本技术，或者是分散型网络，以比特币的核心技术为原版的数据库。拥有被称为“区块”的加上顺序号的记录连续性增加的清单。在理论上，它一旦被记录下来，就不能对各个区块内部的数据进行追溯性变更，从而实现自律性管理的建构。

③ 基本收入保障（Basic Income）：不论是否有劳动收入及资产，对于所有的个人都无条件地发给保障最低生活水平的收入的社会政策构想。曾于 20 世纪六七十年代在欧美国家被许多人提起，如今，作为解决因人工智能等导致的收入差距扩大的对策，再度被人们讨论。

## 从超出常识之处寻求答案

那么，这个结合能力的窍门是什么呢？

启示好像就在于，**从超出常识之处寻求答案，即使牵强附会也可以，提出超乎寻常的假设**。至少，看起来大前先生就是这样做的。

举个例子来看。

经大前先生之手，把制造业和金融业的智慧相乘，就能够思考出下一代的产业。

既是企业的收益，又是GDP的源泉的“附加价值”就是投入与产出之差。看一下利用原料制作出产品的制造业就很容易明白。那么，金融业的附加价值是什么？难道不就只是将人的钱从右转到左吗？假设有这样的一个问题，如果你是大前先生，该怎么回答呢？

假如是那样的话，**把金融业变成不只是把钱从右转到左的东西**不就可以了吗？例如，分散风险的保险功能就是其中之一。但是，除了保险之外就没有别的了吗？

就像这样，从超出常识之处寻求答案。

那么，该怎么做？

要想找到答案，就要看制造业是如何产生附加价值的。于是，在制造业中，就可以看到素材能力、加工能力、组装能力，而作为其前提的设计能力才是关键。

把这些与金融业对应起来会怎么样呢？

在考虑金融的新办业务时，与制造业的人开展交叉讨论。这样的话，关于金融业非常有趣的附加价值论就产生了。

当然也可以反过来。在金融人士看来，在制造业里，能够加上杠杆率[①]的地方有很多。人们通常都想靠自己来完成商品的制造，但是，就像金融业一样，更多地使用别人的资产不是更好吗？从这样的构想出发，制造外包及只有一小部分商品由自己制造等新的业态就出现了。

在开展咨询的时候，大前先生实际上并没有真的让金融业和制造业的人在一起讨论，而是把这样的讨论置于他一个人的头脑中进行，因为他头脑里的抽屉很多（头脑里可以分门别类地设置很多讨论专区），能够处理并非同质的话题，也即富有多样性的话题，这就是大前先生特有的优势，也是一位通才所具有的优势。

## 要成为 π 字形人才

在麦肯锡，很早就要求咨询顾问们做到 T 字形咨询。这就要求咨询顾问是拥有一个专业领域知识的同时，还拥有横向拓宽的宽广知识面的人才。

与此相反，大前先生强调 π 字形咨询的必要性，也就是咨询顾问要**拥有多个专业领域知识**。例如，咨询顾问对制造业要熟悉，对金融业也要熟悉，是拥有多个专业领域知识的人才。

换句话来说，就是要从多个角度思考。据此，就能够立体地观察事物，并从中产生出创新。

在大前先生离开麦肯锡之后，麦肯锡又开始走上金融专家、

---

① 杠杆率（leverage）：意思是指“杠杆原理”。在经济活动中，利用他人的资本来提高相对于自有资本的利润率。

制造专家等专业化路线。在那样的专家中，能产生真正的具有革新性的创意吗？

## 大前实力（3）：从最终开始的逆推能力

大前先生的另一个非凡之处就是转动时间轴的能力。

准确预测未来对谁来说都是困难的事情。在当今被称为“VUCA 的世界”① 这种非连续性的环境中，预测未来显得更加困难。

虽说如此，**关于最终会变得怎么样，对于能准确抓住事物本质的人来说，还是能够以一定的概率准确预测的。**虽然对于要历经什么样的过程不可能做到准确预测，但是，最终将会变得怎么样实际上并没有多大的讨论余地。例如，汽油发动机早晚会消失。大家对此都很清楚，问题是究竟什么时候会发生。

即使勉强能够知道明天会怎么样，那也只不过是你自己认定的想法。实际上很可能并非如此，如果**从最终**（在这里是指汽油发动机早晚会消失）**开始逆推，就会产生更加大胆的想法。**

在和大前先生一起参与某家信息通信企业的项目时，我对此有了亲身经历和切身体会。那是 20 世纪 90 年代上半期，互联网商业化数年之前的事情。

我担任的子课题是非电话业务，在那个还可以说是“有电话

① VUCA 的世界：变动性（volatility）、不确定性（uncertainty）、复杂性（complexity）、模糊性（ambiguity）的世界。

在的地方才有人在”的时代，这个课题是大多数客户都不感兴趣的领域。即使是关于互联网崛起前夜的硅谷的最新动向的研究报告，也一直处于“百呼不应”（无论怎么诱导也无人响应）的状态。

在那里，大前先生派出由东京大学数学专业毕业的咨询顾问来担任子课题负责人。这位负责人按照大前先生的指示，把“早晚电话会消失”这一分析汇总在一张图纸上。

对电话的需求确实是在不断缩减，究竟是 2030 年还是 2050 年消失另当别论，但可以确认的是，“电话消失之日”早晚会到来。把它用时间作为横轴、需求作为纵轴，以对数表示所取的直线图来显示，可以看出电话事业确实是向右下方倾斜甚至几乎已经触底了。

当时，在客户领导层间有各种议论，有的认为电话还会存在下去，有的认为至少今后存在数十年没问题等。对此，大前先生就站在那张画着电话需求的图纸前，断然说出“早晚电话会消失，全部改成数据通信”的话。

用现在的话说，当时的电视电话也将被类似 Skype 那样的东西取代，长途电话和国际电话也将被 Line 和 Messenger 取代。

看着那一张图，大家都沉默了。最终，“如果结局就是那样的话，从现在开始应该做些什么”，大家终于把话题转到这个方向来了。从这一刻开始，该公司的所有事业都逐渐向互联网转移了。

从那时算起到 2018 年，已经过了 25 年，电话费收入占该公司全部收入的份额已经降到 20%。即使这曾经的本业收入已经缩小到了原来的 20%，但由于该公司早已将重心转向数据通信，因此它如今仍保持着非常好的发展势头。

## 大前方式“错移”的技巧

通过显示最终状态，胜负很容易判明，因为心中的迷惑已经烟消云散。在这方面，大前魔术的要点**并不是站在现在的延长线上，而是从最终的时点倒推**。

这一点看起来好像谁都会，实际上很难做到，因为大家通常都只关注眼前的事情。例如，人工智能（AI）超过人的能力的“技术奇点”[①]的到来，只是一个时间的问题。即使明白这一点，机器人达到人的水平还是比较遥远的事情，持这种看法的人还有很多。关于技术奇点不会到来的书籍也很畅销。

人不相信自己没有看到的事物，本能地避开未知的事物，想要维持现状。在行为经济学里，这种现象被称为“维持现状偏好”。**即使是为了避免像这样的“容易陷入构想的圈套”，从最终开始倒推也是非常有效的**。

“从最终开始思考”是大前先生一流的“错移”的诀窍。并且，这个“错移”与此前所列举的三个大前魔术是相通的。

最初，用右脑的创造力将左脑的逻辑瞬移，这是“脑内错移”；接着，把不同行业并列起来展开联想游戏，这是在“空间轴”上的错移；最终，开始倒算，这是在“时间轴”上的错移。

换言之，大前先生**不是只凭现在眼前所看到的事物做出判断，**

---

① 技术奇点（singularity）：也称“技术的特异点”。由于人工智能技术的不断进步，技术所具有的解决问题的能力迅速提升，文明进步的主角将由人类转向人工智能及后人类，该时机将在2045年前后到来。以美国发明家雷·库兹韦尔（Ray Kurzweil）为代表的许多人都持有这种观点。

**而是通过把空间的扩展和时间的扩展带入视点之中做出判断。**

## 70%的立方的炼金术

在整个麦肯锡集团中，大前先生作为世界顶尖的人物深受尊敬。在偏重逻辑推理的麦肯锡中，大前先生的创意非常具有新意。尤其是他所“预言”的许多事情如今都已变成了现实，恰如世界在按照大前所说的发生着变动。

关于大前先生有许多有趣的奇闻逸事。据说他的好友、欧姆龙（Omron）的创立者立石一真先生经常在员工面前说：“要认真听大前先生的话。他的话听起来好像是异想天开，其实从本质上来看，他说的都是正确的事情。”随后，他没有忘记立刻补充上一句，“不过，也不能囫囵吞枣，要将其当作还是20年之后的事情，如今就按照他说的去做的话，就会犯错。”

的确，大前说过的话多数都有些极端，他经常飞到常人无论如何也想象不到的地方去想象。这就是大前先生的超乎寻常之处。

不过，因为是极端的言论，所以未必100%正确。

例如，我们把大前先生的每一个预想按照70%左右的正确率来假定。如果是70%的话，就让人觉得原来如此，好像非常正确了。但是，就像前面说过的那样，大前先生会把预测进行三次联想。于是，三个70%相乘（70%的立方），三题单口相声（围绕三个主题展开的单口相声）的成功概率就会降低到相当程度了，成功的概率实际上仅在1/3左右。尽管如此，从结果来看，他的预测大多数都已经变成了现实，这究竟是怎么一回事呢？

假如是史蒂夫·乔布斯的话，就会由自己来干，把现实变成自己设想的愿景。据说是因为他具有“改变现实的能力”。

但是，大前先生是咨询顾问，实施当然不会由他自己来做，而是由客户企业来做。必须做到让客户相信这仅有1/3成功率的假说，为此，要让大家都齐心想要那样做。

实际上，大前先生非常擅长让大家按照他所说的去做。大家都按照他所说的去行动，结果就成为他当初假设的那样了。

“预测未来最好的方法就是自己去创造未来”，这是作为个人电脑（PC）之父而闻名于世的阿兰·凯伊（Alan Kay）的名言。史蒂夫·乔布斯通过自己的产品创造了未来。**大前先生让客户按照他所说的去做而创造了未来。**

## “按照那个去做”的大前实力

乔布斯和大前先生的共同之处在于拥有具有说服力的说话艺术。乔布斯利用产品推介会，把苹果商品实现新的顾客体验巧妙地说了出来，大前先生的推介会也表现出了让对方按照他所说的去做的不可思议的实力。

刚才所举的信息通信企业的例子也是一样，客户企业的总裁也彻底按照大前先生所说的去做了。大前先生这样说服他，“如果你真的朝着互联网的方向发展，整个日本就会向前发展”。事实正如大前先生所料。

从这个意义上来看，即使说大前先生在通信领域防止了日本再度成为加拉帕戈斯也不过分。这虽然不是“历史秘密故事”，但也可以说是大前先生不为人知的为国家做出的功劳。

即使在日本走向世界前列这方面，大前先生也有着非常大的功劳。虽然不做用利益诱导日本那样的事情，但是，关于日本今后应该是怎样的状态之类的事情，他总是在不断地思考着。他在思考世界最尖端事情的同时，还努力穷尽其未来。

我认为，那是需要同时具备世界第一高准确度的最新信息与最高水准的程序员能力才能做到的事情，而大前先生做到了。无论缺少哪个方面，都不可能取得如此伟大的功绩。

这正是超越麦肯锡之上的“大前发动机”！虽说世界很广阔，但像他那样全速运转的发动机再也找不出第二个。

## 镜子的魔术

在大前先生的主导之下，许多企业都取得了非常优秀的成绩，尤其像欧姆龙那样的由创始人一派所掌控的家族式企业居多。也许这是因为，在普通大企业，对打工的总裁来说，大前先生的实力过于强大了，如果失败了的话，自己的地位也就难以保住了，所以他们按常理来说都不会冒那样的风险。

不过，如果让大前先生来说的话，正是不冒风险才是最大的风险。要有敢冒风险的魄力。能听取大前先生意见的领导中，心理不够强大的也仅是少数。

这其中，刚才所讲的信息通信企业当时的总裁就显得别具一格。在此称其为K公司的总裁K先生。像K先生那样规规矩矩认真听取了大前先生的话且心胸宽广的经营者，在大企业里再也找不出第二位了。

大前先生是如何促动K总裁、促动这家企业进而促动日本的通信行业的呢？对亲身经历了那个“历史性瞬间”的我来说，真的是非常幸运。

那到底是怎样的一种场面呢？

电话终究会消失，对此不得不接受。但是，即使总裁发号施令，员工们也不想真心改变。因此，平时很少发怒的K总裁语气粗暴地训诫干部说：“为什么大家都死守着电话不放呢？都适可而止吧！”

然后对正在旁边的大前先生发牢骚说：“为什么大家都阳奉阴违呢？”

于是，大前先生当场就说：“问题的根源就在这里。”

并且用两根手指做出镜子的形状伸到K总裁的面前。

意思是说，“总裁，你才是问题所在”。

我当时大吃一惊，差点儿从椅子上跌落下来。那可是代表了整个企业的K总裁啊……不管怎么说也做得太过分了吧？好不容易才和这家大企业建立了良好的关系，这一下子要全都打水漂了吧……

多亏K先生是位气度非凡的人，他说完“是吗，是我吗”，就坐在那里一言不发了。然后，就那样散场了。

就连我这样身份（地位）比较低微的人都认定，即使我们跟K公司合作的项目泡汤了也是没有办法的事情。

但是，实在出乎意料的是，据说此后，大前先生和K先生两个人一起到K先生的家乡旅游去了。在那里泡温泉时，两个人关于

“如何做才好”“让我做什么”等话题，进行了推心置腹的畅谈。

K总裁旅行归来后，马上宣布“本公司从今日开始就成了多媒体公司”，并在公司内部发出如下警告：“还想抱着电话不放的家伙要有守灵的思想准备。”说来也奇怪，那正是互联网商业化前夕的一年。

正如刚才所讲的那样，在我负责的非电话业务部门，在那之前支持电话终究会消失的员工一个没有，但是，在K总裁发出宣告的第二周，中层干部级别的员工以100人为单位如同雪崩般地靠拢过来。

情况完全改变了。那是整个日本开始从电话转向互联网的一个重大瞬间，而将其向前推动的是大前先生。这也是迫使K总裁做出断然决策的大前先生奋不顾身实施的绝技。

当时，这家企业是占据东京的麦肯锡大部分营业额的顶级客户。如果不是真心想要改变这家企业的话，大前先生对这位客户总裁理应不会说出那样的话。至少，如果想要守住自己和麦肯锡的利益，那都是一招应该慎之又慎的险棋。

大前先生就是这样一位既敢于做事又气魄非凡的人。

## 本章总结

- 世界最强的咨询顾问大前研一先生的三种实力：右脑和左脑的结合力、包罗万象的联想力、从最终开始的逆推能力，都可以说是“错移”的能力。
- 大前研一先生还是一位能让对方按照他的想法去做的名人，其结果就变成了他预想的那样，他创造出了未来。

第 10 章

# IQ、EQ、JQ 和“真、善、美”

## Pepper成为咨询顾问之日

在第一章讲到，仅靠逻辑过硬的话，咨询顾问早晚都会被AI取代。在IQ（in-telligence quotient，智商）方面，AI超过人类只是时间的问题，关于这个结论持不同意见的人应该很少。不过，EQ（Emotional Quotient，情商，即心理的智能指数）另当别论，AI在EQ方面理应不会追上人类。几乎所有的人都相信这一结论。据说开发了Pepper的软银的孙正义先生当时也是这样想的。

但是，软银与索尼的子公司一起开发了“思维导图”① 这一能够表达喜怒哀乐的程序，并将其装入Pepper，使Pepper看起来仿佛具有了感情一样。孙先生说：“说起Pepper，最近越来越有趣了，在玩游戏的时候，即使Pepper自己输了，看到对方高兴，它也表现出非常喜悦的样子。”

“比起公司里的人，Pepper更像人。”

“在我快死的时候，想让Pepper陪护我。”

这是不是玩笑话姑且不论，但这足以说明Pepper已经拥有

① 思维导图（mind map）：也称“心智导图”。利用电脑模拟给人的情绪平衡带来影响的“荷尔蒙平衡”。基于东京大学特聘副教授光吉俊二所开展的情绪研究“特别处理”（Special treatment）而得来。

了部分原本人类才拥有的感情。

顺便提一下，据说这个“思维导图”的程序现在已经装入本田的部分车型之中。也就是说，车能够察觉人的感情了。

虽说如此，但如今车和Pepper自身是否已经具有对拥有人类的感情这件事的认识，即拥有被称为自我意识的东西，那又是另外一个问题了。

AI也许真的能在IQ、EQ两个方面都超过人类。如果是那样的话，只有人才能做的事情究竟还能剩下多少呢？现在大多数人都对此漠不关心，但是，从潜在心理来看又确实抱有担心。

只有人才具有的能力，那恐怕就是JQ吧。Judge-ment的J，也就是判断力。

至少从现在来看，让AI拥有JQ还是相当困难的。为什么这么说呢？所谓判断力，是指对“是善还是恶”做出判断的能力。

微软开发出来的AI发生了完全出人意料的事情，在服务器受到攻击时，那个AI冷不防说出了不合时宜的话。因此，微软将它“杀”死了，也就是不得不停止对它的继续开发。

为什么会出现这样的情况呢？其实理由很简单。

**现在的AI，抽出在大数据中频繁出现的概念，并做出如今这个就好像是舆情的判断。它只能从大数据中找到答案，并非自己已经拥有了何者为善的判断基准。**

如果是关于高效率地提升收益之类的经营判断，AI要比经营者能够更快地得出答案。不过，那个答案从社会常识来看是否正确、从伦理道德来看是否正确、从地球环境来说是否可持续等这些判断都被舍掉了。当然，如果从最初开始就按照《论语》的思想对它进行道德教育的话，情况也许会有所不同，但是……

何者为善的判断基准的设定方法极其困难。在科幻（SF）世界经常出现这样的场景。

我相信很多人都被美国著名电影导演斯坦利·库布里克(Stanley Kubrick，1928—1999)拍摄的《2001太空漫游》（*2001: A Space Odyssey*）的唯美画面倾倒了。自影片上映（1968年）以来已经过去了半个世纪，如今仍然让人感到很新鲜。操控宇宙飞船迪斯卡巴利号的智能机器人HAL断然决定要杀死机组人员。机组人员对HAL的异常行为有所觉察，并且想让它的思考功能停止运行。HAL成功预判了机组人员的意图，决定抢先实施犯罪行动，这是因为保卫自己的判断基准启动了HAL的程序。

不过，在詹姆斯·卡梅隆（James Cameron）导演的《终结者2》（*Terminator 2: Judgment Day*）中，AI最后选择了跳进熔炉自杀的道路。理应安装了自我防卫程序的AI最后学会了超越自我。这一故事情节令无数人为之感动。

不过，在科幻世界里“什么都有可能发生”，但不管怎么说，**正是看透何者为善的能力，才是人类战胜AI的最后一道屏障。**

## 真（IQ）、善（JQ）、美（EQ）和今后时代的咨询

人类追求的普遍价值，从柏拉图时代开始人们所讨论的就是“真、善、美”。如今，看透“善”的能力叫作JQ，那么，关于

“真”和“美”又是怎样的呢？

所谓“真”，即看清什么是正确的能力，做出这一行为的是IQ。另一方面，掌管审美能力的是EQ。这两个都可以交给AI去做。关于这一点，前文已经阐述过了。

这样看来，依然是“善”最为深奥。从西田几多郎[①]先生的《善之研究》到野中郁次郎先生的《共通善》，即使在日本，“善”也被视为人类的本质性价值。

看透“善”的能力，“何者为善”，对此做出判断，对AI来说暂时还难以做到。因此，看透“善”，并基于此做出判断的能力，才是我们始终应该具备的能力。

反过来说，**如果没有看透“善”的判断力，人类就会输给AI**。仅有IQ自不必说，**如果是仅靠IQ和EQ就能做到的咨询，只要有Pepper在，就不再需要人类。**

但是，在麦肯锡，最受到重视的就是IQ，IQ不高的人就无法留在麦肯锡。EQ在那里却明显被轻视。

不过，如今的麦肯锡，那样出类拔萃的IQ集团，也是非常令人难以指望的。过去那些所谓的IQ达人，如今都已经完全消失了身影。正因为如此，也许客户们将会全部跑到AI的世界那里去了。

大前先生之所以伟大，是因为他除了拥有非同寻常的IQ之外，还拥有推动人的高超实力。即使建议是正确的，但客户并不

① 西田几多郎（1870—1945）：日本哲学界的代表性人物。在日本多所中学任教之后，担任京都大学教授。凭借其主要著作《善之研究》确立了“西田哲学”，获得了日本政府颁发的文化勋章。

会因此而行动，要想推动人，必须具备不同于IQ的能力。那种能力是EQ还是JQ另当别论。也就是说，如果没有人情味、没有品德的话，仅靠IQ并不能推动人。

我在麦肯锡时期的同僚南场智子女士，经常说自己患了左脑肥大症，对此前文已经有所阐述。总之，她认为自己拥有超群的逻辑推理能力。但是，后来她辞掉了咨询工作，开始自己创业，整个人像变了一个人似的，变得非常人性化。问她为什么发生了如此巨大的变化，她说："在做咨询的时候，如果不用逻辑将对方说服，对方就不会按照你说的去做，所以，必须要用无懈可击的逻辑去征服对方。但是，当自己成为经营者之后，所有事情由自己做出决定即可，这个时候必须具备的是三分逻辑七分直觉，没有必要再去追求无懈可击的逻辑，更重要的是如何让大家按照你说的去做。"

也就是说，她从咨询顾问变成了经营者之后，从只拥有IQ的人，变成了IQ与EQ兼具的人。

最近，咨询顾问的理想形象也发生了变化，仅靠逻辑推动客户的咨询已经跟不上时代了。如果没有EQ的话，作为咨询顾问是不够格的。为什么这样说呢？用无懈可击的逻辑逼迫客户，如果对方不按照你说的去做，就不会取得成果；如果成果拿不出来，企业就不会为咨询顾问支付高额的酬金。

关键是，如何才能让客户对用逻辑推导出来的战略产生共鸣。与仅靠IQ向前推动相比，以EQ为武器，让对方按照你说的去做才是关键。

关于EQ，正如已经阐述的那样，波士顿不知道要比麦肯锡高出多少倍。这是因为，不管怎么讲，与用逻辑逼迫相比，波士顿更重视用心理学去接近客户。

对此可以提供佐证的是，与麦肯锡绝对不使用“营业”这个词相反，在波士顿堂而皇之地存在着所谓的“营业会议”。麦肯锡吹牛说自己并非去逢迎客户做生意，而是基于客观分析为其提供正确的发展战略；而波士顿认为既然自己从客户那里收了钱，那就应该干脆明确地说是在与客户做生意。

## 追求真正价值的JQ

在偏重于IQ的人才占据压倒性多数的麦肯锡里，也有几位能够看透JQ即“善”、拥有坚定判断基准的优秀人才，安田隆二先生就是其中之一。现在，他与我一样，都是一桥商学院的教师。

安田先生是一位基督教的信徒。正确与否另当别论，持有宗教信仰的人，通常都有自己坚定的价值基准。

前面讲到的因《创新者的困境》而闻名于世的克莱顿·克里斯坦森教授，虽出身于波士顿咨询公司，但也是坚定的摩尔门教[①]的信徒。他写的《创新来自生活》(*Innovation of Life*)，是一部让人深感宗教信仰者价值基准之坚定的名著。我在该书的腰

① 摩尔门教：美国的约瑟·斯密(Jose Simy，1806—1844)于1830年创立的新宗教，正式名称为“末日圣徒耶稣基督教会”。除了《圣经》之外，还使用《摩尔门经》作为教义，所以，通常称为“摩尔门教”。

封上，撰写了如下的推荐语：

> 哈佛商学院最受欢迎的克里斯坦森教授的最后一堂课，基于经营理论和自己的经验，迫近“活着”的本质。值得赌上人生的并非财富和名望，而是身边人的幸福和自己的信念。力图给出如此解释的本书，理应会撼动追求更加幸福的生活方式的学生及社会大众的心灵。

不过，为了拥有价值判断的基准未必一定要有宗教信仰。

例如，东丽的总裁日觉昭广先生，绝对不是一个巧舌如簧的人，即使请他演讲，他也完全不考虑听众是否愿意接受，只是把自己的想法朴实无华地道出而已。尽管如此，仅仅靠讲述自己的信念，他仍然很好地让听众接受了他的话。

例如，关于公司治理，他对最近的近乎向股东献媚的风潮极力批判。他始终贯彻不应只考虑股东利益，而应将公益摆在最优先位置的思想。正是因为有着这样的思想作为企业的支撑，在苦守节操的40年之中，才拥有了碳纤维这样开拓下一代的事业。拥有自己的价值基准，坚定地掌舵，拿出结果，他确实是一位非常优秀的经营者。

说起优秀的经营者，创立日本电产并培育其壮大的永守重信先生算一个，他是一位让日本感到自豪的享有盛名的经营者。永守先生最近常说的一句话就是，IQ 高的人已经没有了。

他出身于职业培训大学，在他创业的时候，优秀的人才一位也没来。在将企业打造成年营业收入 1 万亿日元时，终于招聘到了毕业于一流大学的人才。但是，那些人的表现实在不尽如人意，还是踏踏实实一步一个脚印走过来的人才有着扎实可靠的本性。所以，他再也不招聘那些毕业于东京大学、哈佛大学之类徒有其表的人。像我这样的毕业于东京大学或哈佛大学的人，确实处于里外不是人的状态。

这么说来，其他地方已经没有可以信赖的人了。终于，他亲自创立了大学和研究生院，前者是京都学园大学，后者是位于日本电产总部大楼前面的NIDEC商学院。我也作为该学院的首席协调员，从设立之初就一直在那里授课。

过去也好，现在也罢，以一代人的努力培育出大企业的公司经营者，其学历、IQ未必有多么高。IQ之类的东西，只要从像麦肯锡之类的地方借来即可。看到这些大企业经营者取得的成功，只能让人产生这样的想法。

不过，永守先生说他就连像麦肯锡之类的外置IQ也不需要，他认为，只知道卖弄些小聪明的咨询等有害无益（这样一来，我在他那里就遭受了高学历无用、高IQ无用、咨询无用的三重痛苦）。

那么，究竟什么才是有用的呢？他认为，依然是看透何者为善的JQ。

**只有高IQ的人，让人感到可怕但不受人尊敬；只有高EQ的人，让人产生共鸣但不受人尊敬；受人尊敬的，是拥有出色JQ的人。**

## Pepper无法超越的世界

再度回到Pepper上来，即便是Pepper，要想做到只要输入数据就得到“正确的”解答，也需要达到若干的判断基准。但是，善可以说是哲学。所谓哲学，并非简单地做出什么才是正确的判断，而是对事物不断地持有疑问。正是这一点，它才与在包罗万象之中发现正确答案之类的事情有着根本区别。

一踏入哲学的世界，就会误入迷途。作为经营学者的野中郁次郎先生把在亚里士多德的《尼各马可伦理学》里出现的“实践智慧”[①]作为“卓见”论的依据。即使让Pepper阅读亚里士多德的著作，如果不具备哲学的素养和经营的实践智慧，也不能理解其本质吧。

2017年，麦肯锡的智库编写出版了《麦肯锡所预测的未来》一书。读完之后，坦率地讲，非常失望。

书中的内容全是一些诸如日本成了老年国家、中国地方城市的发展令人望尘莫及等谁都非常清楚的事情。只是把各种各样的事实罗列而已，虽然有一点儿“啊，你到这里来了吗”之类的

① 实践智慧（phronesis）：在这里是指“将科学知识与实践知识融合在一起，创造性地开展活动的能力”。亚里士多德在《尼各马可伦理学》一书中，将知识做了“sophia”和“phronesis”的分类。亚里士多德认为，恪守“中庸”是非常重要的，恪守“中庸”的品性就是“phronesis”。

发现，但仅此而已。让人很想说“所以，那又怎样呢？”这种书，就连Pepper都能写。与其这样说，还不如说Pepper都能说出一些比较正确的事情。

如果与此书相比较的话，在同一时间出版的《百岁人生：长寿时代的生活和工作》[①]则非常有趣，对于书中所写的事情是否能产生共鸣、是否正确另当别论，有趣的是读者感受到了作者琳达·格拉顿教授的思想。这是Pepper写不出来的。

麦肯锡的书，不只是过于想当然、无趣，对于就连Pepper也许都能想到的一些未来的课题，它都完全没有涉及，例如，环境问题、资源短缺问题，以及到了2050年淡水、粮食都可能没有了之类的预测等。

**在把地球的可持续性发展作为重要课题摆在世人面前的今天，还在大肆宣扬以经济增长为前提的战略论，已经过于落后了。事业投资的对象已经从所有和消费，转向共享和循环，在这一经济本身发生重大转移的今天，仍然过于拘泥在20世纪的判断基准上，不得不让人感受到麦肯锡及咨询行业本身的局限性。**

在不断上升的增长已经迎来极限的今天，被世人要求的不再是以往大肆宣扬逻辑、立刻求出正确答案的IQ，而是深刻看透何者为善的JQ。

也就是说，也许正是JQ才最符合崇高的人性。即使Pepper

① 《百岁人生：长寿时代的生活和工作》：由同为伦敦商学院教授的琳达·格拉顿（Lynda Aratton）和安德鲁·思科特（Andrew Scott）合著，因提示了人生百年时代的人生战略而畅销世界。在迫近眼前的长寿社会，工作方式、学习方式、结婚、生育等，人生的一切给人一种不管你愿不愿意接受都无法改变的印象。

做起了咨询，即使麦肯锡被 Pepper 超越，我坚信这才是人的综合性的睿智绝对不会被超越的理由。

## U型理论——要保持正念

各位知道“保持正念”活动吧。就是通过坐禅和冥想达到无我境界，与自然交感，培育第六感觉，找回独创精神的一种尝试。

说起来，将禅宗带到美国的是铃木大拙①和铃木俊隆②这两位铃木。因为史蒂夫·乔布斯为俊隆撰写的禅宗入门书所倾倒，所以禅在美国西海岸的创业者和行政主管们之间传播开来，又在转瞬之间传到了全世界。

遗憾的是，理应是其“发源地”的日本，这一活动却没有怎么推广开来。我陪同来日访问的海外行政主管们到禅寺开展此项活动时发现，他们深深沉浸其中，让我很受感动，但其他陪同的日本人却是一脸“正忙得不可开交（还要来这儿……）”的迷惑样子。这种彼此之间的感性之差，让我很失望。

---

① 铃木大拙（1870—1966）：梅原猛称其为“近代以来日本最伟大的佛教学者”。在其关于禅的大约 100 部著作中，有 23 部是用英语撰写的，将日本的禅文化介绍给海外读者。

② 铃木俊隆（1904—1971）：曹洞宗的僧侣。50 多岁时赴美，在旧金山设立了禅文化中心，向美国推广禅文化，在欧美国家，与铃木大拙并称“两位铃木”。其著作《禅者的初心》（*Zen Mind, Beginner's Mind*）据说是史蒂夫·乔布斯（Steve Jobs，1955—2011）最喜欢阅读的书。

将保持正念活动从跨学科的角度予以理论化的是“U 型理论”[①]。这个理论是畅销书《学习型组织》的作者彼得·圣吉[②]的盟友、麻省理工学院的教师奥托·夏默在 10 年前提出的，是一种从“此侧”的现实之深渊下落到本质（根源），把“那一侧”的新现实唤醒的 U 字形学习过程（参见图 10-1）。

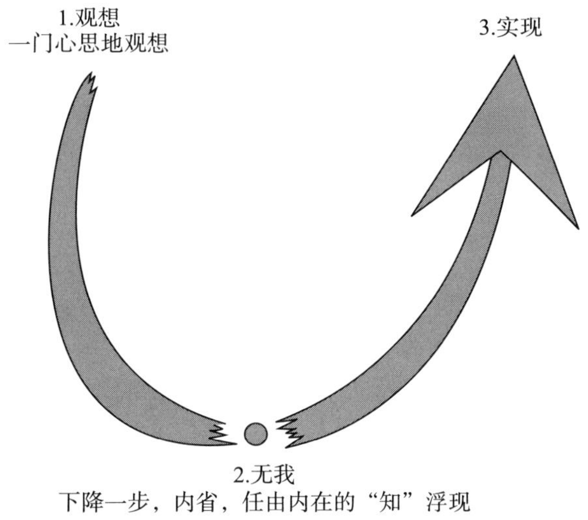


**图 10-1　U 型理论的三个过程**

① U 型理论（Theory-U）：麻省理工学院（MIT）斯隆学院的奥托·夏默（Otto Scharmer）博士等人根据对世界各地的领导者所做的采访调查，得出了关于实现成功创新的领导能力开发的理论。从开始调查直至得出结论的过程呈现为一条 U 型曲线，故名。

② 彼得·圣吉（Peter Senge，1947—　）：麻省理工学院斯隆学院组织学习协会的负责人。他将其多年对于企业等的组织应该如何适应日趋复杂且变化加快的环境的研究心得汇总在《最强组织的法则》（*The Fifth Discipline*）一书中。该书的畅销使得克里斯·阿吉里斯（Chris Argyris，1923—2013）和唐纳德·舍恩（DonaldSchon，1930—1997）提出的“学习型组织”这一概念推向世界。

为了把“那一侧”的新现实唤醒，首先不要闷在自己的躯壳里，必须实现无我、澄清五感（视觉、听觉、嗅觉、味觉、触觉）、与环境同化。这种状态被称为“观想”（sensing）。这是一个降落到事物本源的过程。

在如此这般探索时达到U字的底部，能够感受到未来的现实。这是一种被称为“无我”（presenting）的状态。

然后，从那里再回到U字对面的现实中来，把感受到的未来用自己的手创造出来。这是走向被称为“实现”（realizing）的第三个过程。

U型理论与佛教所说的“悟”的过程很相近。**通过不分主客体地将客观事物与自己融为一体，从中看到本质。此过程并非是分析，而是原样接受，**以此达到“悟”的境界。**在把自己解脱，成为自然和未来之器的时候，通过自身来发现未来。**基本上近乎修行。

不过说起与佛教的区别，U型理论并非是个人行为，而是有组织的实践。并且，U型理论还提倡并非被动地接受从中体验到的“应有的状态”，而是主动将其创造出来。

根据U型理论达到“悟”的境界，肯定会看到善。不过，坦率地讲，我还没能达到那个境界。但是，至少通过参与保持正念活动，能够实际感受到自己正在一点一点地从杂念中摆脱出来而变得自由，心灵正在变得澄净。最近，有很多手机上就能下载“每天五分钟保持正念训练”等的应用软件，所以，请大家务必参与进来试一试。

很遗憾，对U型理论和保持正念活动穷其究竟的战略咨询顾问，我至今还没有看到过。但是，开展了组织咨询和指导业务的最尖端的人，已经开始在自我实践的同时，将其活用在企业变革和人才培养方面。

## 本章总结

- 看清何者为善的能力，才是人类战胜AI的最后一道屏障。
- 不断上升的增长正在迎来极限的现在，人们追求的不再是以往大肆宣扬逻辑、立刻求出正确答案的IQ，而是彻底看清何者为善的JQ。
- 始于铃木俊隆禅师的保持正念活动因史蒂夫·乔布斯的宣传而正在向全世界推广。
- 将心灵充实理论化的U型理论开始被活用在培养最尖端的人才和企业变革领域中。

第 11 章

# 系统性思考

在第一部分，介绍了咨询使用的各种各样的思考方法，但是，最新的趋势是**“系统性思考”**和**“非线性思考”**。两者的目的都在于观察整体，但是两者之间也存在着差别，“系统性思考”是感受空间的扩展，“非线性思考”是捕捉时间的深度。

本章介绍“系统性思考”，第12章介绍“非线性思考”。

## “结构主义者”症候群

咨询顾问要观察整体，首先想到使用的方法就是在第一部分介绍的MECE分析，将整体不遗漏、不重叠地观察，这是咨询的基本方法。**通过MECE分析那样的框架展开思考，是解决问题迈出的第一步。**咨询顾问在思考什么才是问题的时候，首先要利用框架来观察，这是咨询顾问的工作习惯。

知道这一点，是我在三菱商事工作时期前往哈佛商学院留学的时候。那时，我经常与众多出身于咨询的人会面，看到他们都在大肆宣扬框架，我禁不住想“那是什么呢”，同时也向他们询问。在这一过程中，我也渐渐接受了框架，因为我有种被逻辑说服了的感觉。

被框架完全折服了的我从哈佛商学院毕业后，接受了来自大前研一先生的工作邀请。一两年之后，我就已经对框架运用自如了。不过，从中也让我发现了它的局限性。

就像在第一部分介绍的那样，有着各种各样的框架，但从基本上来看，矩阵最容易被理解和使用。使用纵横两条轴线，将事件分成四类进行表现，就会发现整体已经被建构化了，所以让人觉得有些不可思议。

但是，在此必须注意的是矩阵有一个陷阱。

**轴线的取法各种各样，据此就可以看到各种各样的“整体”**。但是，**一旦决定了轴线，就只能在那个矩阵中看待事物**。咨询顾问在展示矩阵的时候，其实就隐含着让大家用相同的世界观来认识课题的意图。

这样一来，看起来好像是**想要让大家看到整体，但实际上，咨询顾问只是切下来一部分让大家看而已。这就是框架的特征**。因为整体扑朔迷离、错综复杂，所以就那样看一个框架是很难展开分析的。因此，也可以说，这种方法只是套用一个暂定的框架，以便于简单、容易地观察而已。

几乎所有咨询顾问都擅长套用框架。那些最喜欢使用框架的人，一边听人讲话，一边用笔在纸上画，力图把别人说的话落实在框架上，几乎像患上了框架中毒症一样。我把这些人称为“结构主义者”。

**虽说如此，但通过套用框架，就能够从结构上展开话题，从而也容易将话题向前推进了**。框架确实具有这一好处。把轴线的取法有无数种这件事常常放在头脑中，如果能够用容易看懂的轴线构建框架，论点就容易被梳理出来了。

要想做到建构化，不管怎么讲也需要两条轴线。如果只有一条轴线，那就成了仅仅将话题按序列排列而已。通过取两条轴线，就能够把某个论点从两个角度给出相对的定位。所以，在框架中，两条轴线的矩阵是最重要的。

如果是三条轴线的矩阵，理应会比两条轴线能更立体地把握事物。但是，如果是取了三条轴线的话，头脑中的思路很难被清晰地梳理出来。所以，还是两条轴线的矩阵最常用。

## 波特理论的局限性

经营学大家迈克尔·波特基本上都是用框架展开讨论，并考虑在框架中如何定位的。所以，波特的理论被称为“定位理论”。

波特所说的通常都容易懂。但是，人们也对此感到不安，像他那样把事物简单地切割开来就好吗？因为实际上很有可能会遗漏很多重要的观点。

图 11-1 展示了波特的古典战略理论。**纵轴表示目标的广度，横轴可以采取成本或价值**这样的选项。

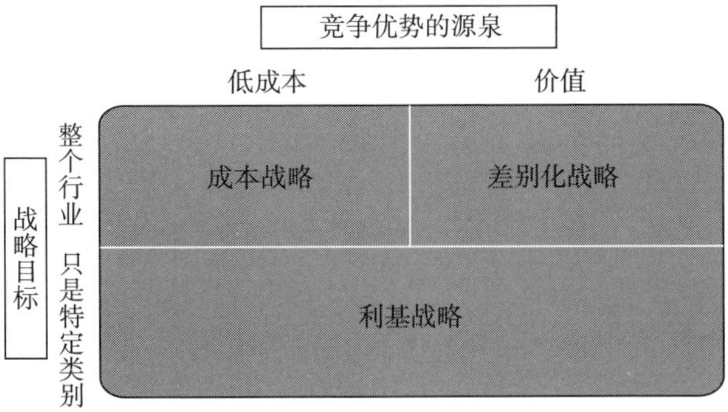


**图 11-1　波特的三个基本战略**

既然做了这样的梳理，有效的战略定位就只有如下三个，即**成本战略、差别化战略和利基战略**。

利基战略又可以分为向成本集中和向价值集中两种，所以，在“2×2”矩阵上，战略就以容易看懂的方式表示了出来。

关键的问题是，波特断定，**同时追赶成本和价值两只兔子，就会以半途而废的结果收场，所以断然不能那样做**。

20 世纪 70 年代，日本企业以高附加价且低成本这一特有的定位席卷世界，无论是家电还是汽车，都物美价廉。将拥有很高价值的产品大众化，这是日本企业的拿手好戏。

但是，自 20 世纪 80 年代波特理论发表以来，天真地相信了这一理论的日本企业急速丧失竞争力。日本企业由于推行了成本战略，接连地输给韩国、印度、中国，因此放弃以成本取胜的战略，走向了差别化战略，这又导致市场逐渐萎缩，陷入了利基状态。

其典型例子就是在第 6 章介绍过的索尼 QUALIA 系列产品。虽然彩电等以令人震撼的高清画面展现在人们面前，但是，人们对高达 100 万日元的价格也感到震惊。传闻曾有中东的王族购买过，也有被博物馆采购了的说法，但是特意拿出 100 万日元购买具有如此高清晰画面的电视发烧友毕竟很少。这的确算是索尼迷茫时代的象征。

波特的框架到底哪里错了呢？读了本书第一部分的各位应该知道了。是的，**横轴没有成为轴**。价值和成本并非对立的概念，说到底应该还有别的轴。

因此，把这两者用两条轴线重新选取就能够看出来，在价值和成本高的维度上兼顾的右上领域，才是应该为之努力的目标。

我把这个象限称为“智慧精干”战略区域，如图 11-2（图 6-10 的再次利用）。而且，这正是波特理论出现以前日本企业所采取的制胜模式。

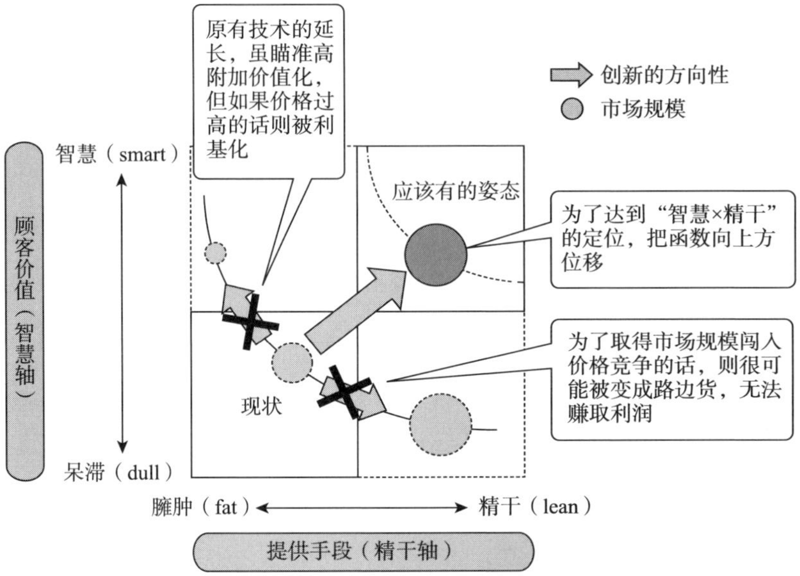


图 11-2　智慧精干战略

**在取轴时，把两个不同的概念放在两个不同的轴上重新把握，就能看清楚，此前被认为是二律背反（取舍关系）的两个定位具有转化为并存（兼顾关系）的可能性。这才是突破既有概念、实现创新的关键。**

# 从要素还原到整体统一

在选取“品质”和“成本”两条轴线的情况下，通常都是选取了品质，这就不得不提高价格；选取了成本，品质就会下降。所以，这就变成了要从中二选一。与此相反，日本企业从最开始就彻底打磨品质，结果发现成本变低了。

波特提出选择“哪一个（or）”就是战略。但是，那样的话只能得到理所当然的答案。敢于以“哪个都（and）”为目标，才会产生真正的创新。

实际上，波特自己在30年后好像终于发现了这一回事。因此前述的CSV战略就在2011年的《哈佛商业评论》发表了。

在这里再复习一下，所谓CSV，是Creating Shared Value的略称，翻译为“创造共通价值”，意思是指，企业通过主动致力于社会课题，能够同时创造社会价值和经济价值。

把它用经济价值和社会价值的两轴矩阵来表示，如图11-3（图6-12的再次利用）。

根据波特所讲的，企业活动要在右下的PPP领域展开。也就是说，企业活动要把立足点放在经济价值上，无须考虑社会价值。

CSR在左上区域。也就是说，在此领域的企业只追求社会价值，不期望得到经济价值。

**CSV在右上区域。也就是说，在此领域的企业想要在更高的维度上实现经济价值和社会价值**。这一构想的出发点并非

or，而是 and。

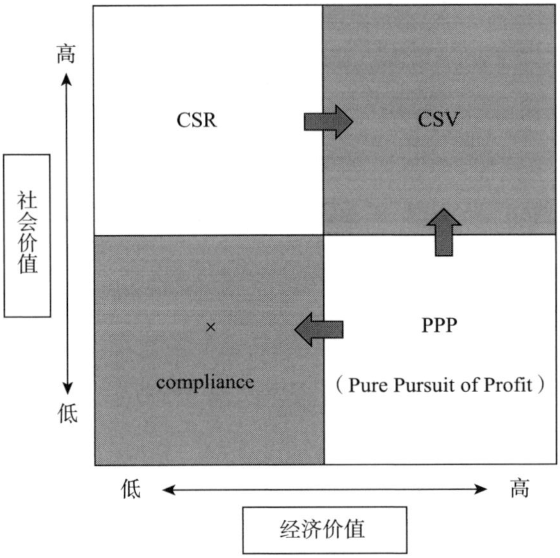


**图 11-3 CSV 模型示意图**

不过，日本在很久以前就把右上视为企业应该为之努力的领域。江户时代近江商人的“三方都好”①（对卖主好、对买主好、对世间好）、明治时代涩泽荣一②老先生的《论语和算盘》等，都

① 三方都好：近江（古代日本的地名，相当于现在的滋贺县）商人所尊奉的信条，指“对卖主好、对买主好、对世间好”。最后的“对世间好”用现在的话来表达就是“社会贡献”。

② 涩泽荣一（1840—1931）：从明治政府的任职中引退以后，设立了以第一国立银行、东京证券交易所，日本最初的私营铁路——日本铁路公司、王子制纸等 500 多家企业，被称为“日本资本主义之父”。还创建了理化学研究所，亲自设计并分块销售了理想的田园都市——田园调布。他所撰写的著作《论语和算盘》，阐述了他的经营哲学思想，提示了“利润与道德和谐统一”这一经济界人士应该走的正道，直到今天仍然具有重要的指导意义。

是具有代表性的例子。可以说以前曾拘泥于or的波特终于对日本式and的世界观表示了理解。

把乍一看处于二律背反关系的事物以兼顾的高度为目标，这被称为“**扬弃**”。在日本，自小池百合子将其作为政治口号提出之后，“扬弃”曾一跃成为流行语。

这是德国哲学家黑格尔于19世纪初作为“辩证法的发展”而提出的思考方法。**把被分为命题和反命题的两个事物在高维度上统一起来，才是从两轴框架中产生的右上区域的创新思考方法，也是系统性思考的构想方法。**

把事物简单地切开来看是波特的拿手好戏，也是他在经营学方面取得的功绩。但是，从另一方面看，事物也因此缺失了整体的平衡，这也是波特理论的重大缺陷。这不仅限于波特理论，也是欧美国家传统思考方法的特征。

“要素还原”指的就是这种思考方法，指将错综复杂的整体分解为要素进行分析，自然科学、医学都是如此。例如，发现了癌细胞，将其切除即可，这就是西洋医学的基本思考方法。但是，病体康复需要的是整个身体的平衡，仅仅把病灶切除，实际上人尚未康复。

同理，通过对MECE分析的要素进行还原，有了明确问题之所在的可能性，那么是否只要将问题切除就可以了呢？那也未必。必须全面考虑将其切除后会给整体带来什么样的影响，并展开充分的讨论。

**如果不看整体，只把一个事物作为解决问题的突破口，就会从那里出现破绽，这个破绽有时候可能使整体崩溃。这就是要素**

**还原方法解决问题的局限。**

关于笛卡儿式二元论的极限，在哲学领域，从半个世纪前就有各种各样的观点出现。例如，不要把人用心理和身体这种二元论来把握，而应该作为一个整体重新把握；不要把生物和环境作为两个主体来把握，而应该把两者作为都是自然的一部分进行整体把握。

但是，在经营学领域，受迈克尔·波特的影响，本来应该具有实证性的经营学，变成了乍一看还算科学的逻辑性的科学。

对此提出疑问的是加拿大麦吉尔大学的亨利·明茨伯格[①]教授。他认为，**战略不是科学而是艺术，是工艺**。所谓工艺，是指一边动手一边把本质一点一点地转化为形状的工作。像波特理论那样，要素分解之后再“啪啪”地组装起来的机械论构想，只不过是纸上谈兵，应该摈弃。

不应该要素分解而应该走向统一这一构想，与日本及其他东亚国家的循环思想具有相同之处。也就是说，各种要素要一边相互关联，一边作为整体保持着平衡。

**一旦进行要素分解，乍一看好像一目了然，实际却迷失了整体。这就是波特理论的缺陷，也是容易变成机械式整理的尚未成熟的结构主义的缺陷。**

---

① 亨利·明茨伯格（Henry Mintzberg，1939— ）。加拿大麦吉尔大学教授，在欧美国家，他是与彼得·德鲁克（Peter F. Drucker，1909—2005）齐名的“管理学大师”。相对于偏重于分析的管理学理论，他提倡不仅要分析，还要做到分析与直觉、经验的均衡。即使在日本，他撰写的《MBA 搞垮公司》等著作也引发了很大反响。

# 系统动力学

**错综复杂、彼此关联的结构是系统，试图考察这种复合的关联性、多样性的思想就是系统性思考。**

实际上，美国麻省理工学院（MIT）早在 20 世纪下半叶就开始采用系统动力学（System Dynamics）开展研究了。这是为了创造出所希望的变化，解析拥有经济、社会、自然环境等复杂背景的系统的一种方法论。在这里所说的背景，是指从 X 推导出 Y 这样一个循环往复的因果关系给原来的 X 带来的影响。这在生物及物理等自然科学领域自不必说，在经济、社会等社会科学领域也是常见的现象。

企业的大多数课题能否使用这种系统动力学解决呢？人们对此抱有的期望值越来越大。我自己对此做了尝试，但是，答案通常都有多个。系统之中各个要素的变化或正面或负面，并且以各种各样的强度相互影响，所以无法归纳出唯一一个答案。

从中可以看出的是，**现实是错综复杂的，想要做出正确的预测是不可能的**。这也是理所当然的。

就像这样，**相互关联的多种要素混合在一起，看起来不可能作为一个整体来进行预测的系统被称为复杂系统**。例如，蝴蝶在北京舞动翅膀，地球的另一侧就会刮台风。这种超乎预测的因果关系接连发生。这就是俗话所说的**蝴蝶效应**。

将这一复杂系统的研究作为主要着眼点，1984 年在美国的新墨西哥州，圣塔菲研究所成立了。这是布莱恩·阿瑟（Brian Arthur）和斯图亚特·考夫曼（Stuart Kauffman）等混沌理论和个人组织论的大家们汇集的知识圣地。

**突现（emergence）**这一运动论成为该研究所的代表性研究成果之一。**所谓突现，是指不拘泥于单纯的部分总和的性质作为整体来呈现。正是这个突现，才能带来创新。**这在复杂系统的组织论中已经得到明确。

要素还原型的波特理论在经营学界受到极度吹捧之时，在自然科学界和社会科学界，超越要素还原的复杂系统科学已经崛起。这一现实在讲述经营学是如何落后于时代的同时，也是让人们感受到了美国的多样性历史中的一个片段。

## 向东北进发

就像刚才所讲的那样，越是想将战略简单化就越容易把事物变成取舍关系，也就是舍弃哪个、集中在哪个。但是，前面也讲了，如果正确选取矩阵的轴线的话，通过对准右上的领域，就能够超越两条轴线的取舍关系。

我把对准右上领域的战略称为向东北进发，而不叫“西北偏北”[1]（取自阿尔弗雷德·希区柯克执导、1959 年上映的著名电

[1] 西北偏北（North by Northwest）：美国 1959 年拍摄的电影，由加里·格兰特（Cary Grant，1904—1986）扮演的主角因被人认错而卷入黑帮的追杀之中，是一部悬念丛生的作品。

影）。如果把矩阵的上部当作北方的话，右上就相当于东北。

革新性的经营理论及事业模型大都采取了“向东北进发”的战略，无论是刚才所介绍的智慧精干还是 CSV 都是如此。**革新性的经营理论和事业模型都不采用取舍关系，而是以实现兼顾关系为目标的。**

不是品质 or 成本、价值 or 成本、股东 or 员工，而是品质 and 成本、价值 and 成本、股东 and 员工。

**不是选取哪一个（or），而是两个都选（and）。**也就是说，既然要考虑整个系统，其**构成要素就应以形成双赢（win-win）关系为目标**。这才是事业的本来状态。

## 以win的n次方为目标的ESG经营和利益相关者契约

刚才仅用两条轴线来讲，所以为双赢，但是如果要考虑整体的话，现实中有许多利益相关者，所以我们必须要注意到方方面面。这样一来，不思考 win 的 n 次方是不行的。

实际上，在最近的 ESG 讨论中，考虑多方面利益相关者的关系备受推崇。

所谓 ESG，E 是指环境（environment），S 是指社会（social），G 是指统治（governance），即组织治理过程的简称。最近，投资领域也开始采用 ESG 这一指标。**企业并非仅追求利益就好，必须要很好地确保 E、S、G 这三者的均衡。企业能否做到这一点**

**对其股价也会产生很大影响。**

E，即环境。以往的资本主义是通过榨取环境得以自立的。也可以说，是在以环境的使用成本为零的前提下获取利益的。但是，实际上对于环境来说，成本不但不是零，而且产生了太多的负面成本。也就是说，因有害物质及二氧化碳等造成的环境污染，淡水及粮食等资源的滥用就是典型负面成本。人们对那种企业的评价将会降低。

S，即社会层面。能够给社会带来价值的企业就会得到好的评价。反过来说，例如，黑心企业对待员工的方式，以童工问题为代表的人权问题等，都对社会产生副作用。

过去，外包企业在东南亚残酷使用童工的事件，导致耐克遭到了人们的抵制；在孟加拉国恶劣的环境中工作的织女们因厂房倒塌而死伤多人的事件，让 ZARA 和 GAP 等企业招致了社会的批评。

**如果没有对环境与社会的可循环性的思考，不仅会导致企业的股价下跌，还会使企业最终被消费者抛弃，从而不能存活下去，甚至被社会抹杀。**

因此，为了不让企业走向那样不正常的方向，G 是否完善也就开始被人们提及。

实际上，它继承了 20 世纪 90 年代下半叶约翰·埃尔金顿（John Elkington）这位英国著名的经营学者提出的“三重底线”概念。所谓底线通常仅指利益。在三重底线里，将**对环境的回报、对社会的回报及对利益的回报**三者进行综合考虑，从而来评估企业的绩效，于是就成了 ESG，向“利益”还原的部分就成了治理。

基于这一原因，ESG 如今已经成为非常重要的企业经营指标。

既然要考虑 ESG，确定与各种各样的利益相关者的关系就成为关键。其中，被人们视为重要的利益相关者包括如下六个。

- 顾客；
- 价值链上的厂商；
- 竞争对手；
- 员工；
- 政府和地方社区；
- 股东。

过去的“三方都好”，如今变成了“六方都好”。

不管怎么讲，**要面对各种各样的相关者，已经成为现代企业经营之本**。以往那种仅考虑是 A 的利益还是 B 的利益的思维方式，可以说已经落后于时代了。

## 本章总结

- 把做成 MECE 分析那样的框架用原则上两条轴线的矩阵来思考，就成为解决问题的最初一步。然而将其做成一个矩阵，就只能在其中观察事物，这是它的一个缺点。
- 进行要素分解，乍一看一目了然，但会丢失整体。这是波特理论的缺陷，也是容易走向机械的整理学的尚未成熟的结构主义的缺陷。

- 通过“向东北进发”，以往被认为是二律背反（取舍关系）的两个定位就可以实现并存（兼顾）。不是选取哪一个（or），而是要寻找两个都选（and）的场所。这就是创新。
- 通过 ESG 经营，实现各种各样的利益相关者的双赢是现代企业经营之本。

第 12 章

# 非线性思考

## 从你的箱子里走出来！

关于现代是 VUCA 的世界这一话题前文已经介绍过了。在这里复习一下，VUCA 是选取 volatility（变动性）、uncertainty（不确定性）、complexity（复杂性）、ambiguity（模糊性）这四个关键词的首字母组成的词语。

总之，VUCA 时代就是看不清未来的时代。与加尔布雷斯[①]于 20 世纪 70 年代下半叶提出的“不确定性的时代”基本上是同一个意思。

的确，如今是站在过去的延长线上得不到答案的时代。也可以说是非线性的时代。**以现在的建构为基础来把握事物的话，就会看错**。这是因为，事物的建构本身都在不断发生建构性的变化。

所以，如果经营者将业绩难以提升的原因归咎于时代，那是毫无意义的，我们必须开始使用非线性时代的新思考方法。

那么，非线性思考又是什么呢？

---

① 加尔布雷斯（John Kenneth Galbraith，1908—2006）：经济学家，出生于加拿大，哈佛大学名誉教授，被人称为“最初的脱离物质主义者”。以畅销世界的《不确定性的时代》为首，撰写了 50 多部著作，所提观点既受到读者好评，也受到了许多古典自由主义者的批评。

最容易理解的就是“创造性思考”[①]，也就是“从你的箱子里走出来”（Out of Box）。这句话也是史蒂夫·乔布斯的口头禅。

我经常对那些结构主义者说，“谢谢你们为我们做出了框架”。这既没有怨恨的意思也没有别的意思。**正是因为有了框架也就是界限，才会明白世间的固定观念是什么样的。并且，正是超越了框架才会产生创新。**

史蒂夫·乔布斯经常说，“所谓制约，只不过是人为制造出来的而已”。我们平时都是在制约之中思考事物。但是，对于创新者来说，制约本身就是突破界限（Break through）的对象。

例如，在营销领域，“顾客导向”一直被当作金科玉律来提倡。不管怎么说也要首先从顾客的立场考虑，但是，这也是坚固的箱子，是应该超越的固定观念。这是因为，在这一观念的驱使下，无论怎么做都容易使顾客范围变得越来越狭窄。

当然，必须高度重视当下的尊贵顾客们。但是，如果只关注这些人的话，就会竭尽全力维持现状。所以，不如把目光转向那些还没有成为顾客的人，因为那里才有创新的启示。

能够提供参考的有名的案例是在第3章介绍过的索尼的PS游戏机和任天堂的Wii的区别。

索尼的PS游戏机的对战游戏，投入了让游戏迷们如醉如痴的尖端技术，令人意想不到的是，索尼不但出现了巨额亏损，还导致了客户的流失。重量级的客户当然被牢牢吸引住了，但是，

① 创造性思考（Out-of-box thinking，或称“开放性思考”）：为了产生出真正具有独创性、革新性的事物，不能止步于框架或固定观念（箱子），必须跳出框架之外（箱子的外面）进行思考。

不要求以那样尖端的技术来娱乐的普通人，都因无法享受如此高难度的游戏而纷纷流失了。

可见，索尼将其目标定位在了核心顾客中的核心。与此相反，本来就没有掌握索尼那样的尖端技术的任天堂，依靠其开发出来的Wii吸引了大量顾客，包括3岁的幼儿、70岁的老人、还没有玩过电视游戏的“未”顾客，以及不再理睬高端游戏的“原”顾客。因其抓住了如此大范围的顾客的心理，从而取得了巨大成功。

非线性时代的营销，广泛地重新抓住未顾客和原顾客的需求变得非常重要。用线性的构想，只重视现在的尊贵顾客这种以往的营销方式已经行不通了。

## 波士顿的解构和进化的三种形态

1998年，波士顿提出了“the construction”① 这一思考方法。用日语来说就是“脱建构”。这是把法国哲学家雅克·德里达提出的后现代的关键词应用在了经营理论之中。

**不拘泥于以往的建构，不断重新构建新的价值和意义。**为了达到“脱”的目的，必须有否定的对象，这与刚才所讲的“Out of Box”是相同的。本来就没有箱子，也就无法从那里出来。

① the construction：根据雅克·德里达（Jacques Derrida，1930—2004）自己给出的定义，“就那样沿着哲学家所走过的路，理解其做法，借用其计谋，用其持有的箭牌一决胜负，按其所想施展策略，说到底就是照本宣科”的战略。

那么，从箱子里出来，或者摆脱原有的建构之后，要去往哪里呢？

我认为，前面有三条大路，即“深化”“伸化”和“新化”。合起来叫作进化的三种形态，即**纵向深入、横向拓宽和完全翻新这三种形态**。按顺序来看一下。

首先是“**深化**”，即朝着更加深入的方向前进。不是把目光转向各种各样的新事物，而是把一件事情做到极致，开拓新的境界。例如，一枝独秀的中小企业，通过不断深入打磨自己的技艺，就有可能突破目前的极限。

接着是“**伸化**”，也就是在第一部分及大前实力的地方介绍过的“错移”的方法。不是一下子朝着全新的地方，而是朝着能够发挥自己优势的领域稍微错移试试，结果就有可能在那里开拓出新市场。我称其为“扩业”。不是奔向流行的新出现的事业，而是把自己的优势在横向领域“错移”，从中产生创新。

依靠伸化实现持续发展的有Recruit（瑞可利）公司。该公司的基本技法可以用图12-1那样的“丝带图”来表现，不断培育需求和供给，并提供将它们对接的市场价格。

通过那种方法打造出新市场，必然会有人仿效，所以，整个市场最终会走向大众化。于是，该公司就在对面打造出新市场。于是又有人加入进来……如此反复。

就这样，人才市场就产生了，产生了“zexy”那样的结婚仪式信息市场，产生了通过“珈蓝”来预约宾馆/旅馆的市场。把打造丝带的场所不断横向拓展就是一部Recruit的发展史。

与Recruit这样的不断横向拓展的方法相反，还有瞄准全新

“飞地”这一进化。我称其为“**新化**”，也就是人们常说的“突然变异”。如果成功了就非常了不起了，但是要想成功，幸运比努力更重要。因为优势得不到发挥，所以成功的概率过低。与其这样不如深化或伸化，以自己的优势为杠杆，成功的概率比较高。作为解构的去向，我推荐深化或伸化。

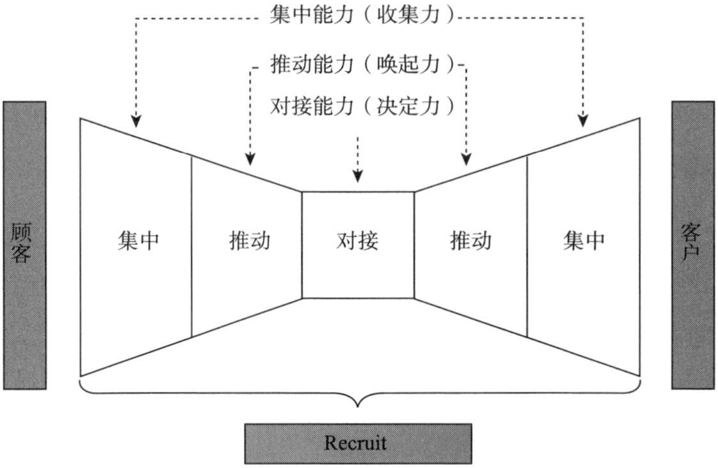


图 12–1　Recruit 公司的丝带图

## 干中学和精益创业的本质

在无法预测未来的时代，详细制订计划这件事本身已经变得没有意义。

PDCA[①] 曾被视为战略实践的循环往复的规则流程。但是，那是完全按照预先协调好的计划开展的。无论制订多么详细周密的计划，世界都是瞬息万变的。越是按照计划如实地实施，就越容易被时代抛弃。

**先不要花费太多时间去制订计划，而是试着开展实践。这样一来，市场就会有所反应，然后立刻对其进行解析，再采取下一步行动**。这才是符合当今时代要求的做法。

理论界把它叫“**干中学**”（Try and Learn），不是“试错”（Try and Error）。**在尝试之后，必然学习。学习**是要点。**及时把握市场动态，然后把自己修正为与其相符的形式。这种修正能力非常重要。**

把“干中学”做到极致的是“**精益创业**”（Lean Start Up）。作为硅谷的基本做法，它已经被推广到全世界。

首先**基于假设，把试制品推向市场；观察市场反应后再制作下一个版本，再次将其推向市场；观察市场反应，再把下一个版本推向市场**。以星期为单位反复进行这样的循环。

使用尚未完成的 β 版反复进行试销，这是在软件领域开始使用的方法，如今，即使是在硬件领域，这一方法也正在成为主流。

其典型案例就是特斯拉。特斯拉的车在市场上不断进化，虽然搭载了自动驾驶功能，但是还很不成熟。换句话说，此时的特斯拉，正处于让用户开展试驾的试验阶段。然后，特斯拉对在这一过程中收集到的数据进行分析，升级系统，利用无线通信输送

① PDCA：即 plan（策划）、do（实施）、check（检查）、act（处理）的简写。

软件实现版本升级。这被称为OTA（Over the Air，空中下载技术）方法。

在汽车行业，如果汽车出现功能不完善问题通常都做召回处理。但是，特斯拉将其称为“版本升级”，通过这种手段让顾客倍感难得，很了不起。

假如是丰田公司的话，在汽车销售之前，为了彻底除去隐患，都要反复进行试驾试验。但是，其次数终究不如特斯拉那样由实际购买人驾乘的总次数多。因此，在同一时间段，还是特斯拉能够实现更快地进化。这样一来，从结果来看，特斯拉也许要比原有的汽车厂家的汽车更安全。这就是出于精益创业的构想。

## 最简可行产品

在精益创业中，有MVP这一关键词，但它并不是“Most Valuable Player”（最优先选手）的缩略语。不是most，而是minimum；不是valuable，而是viable；不是player，而是product。也就是**Minimum Viable Product，翻译过来就是“最简可行产品”**（或最小化可行产品）。

总之，虽然还远不是完成品，但只要出来一个还可以的产品，就称其为MVP，就可以将其推向市场。比如，把丰田公司在达到一定完成度之前绝对不允许推出的β版本推向市场。

当然，用户方面也必须知道这并非完成品，因为已经知道，也就自发地作为试验用户来使用。这是前提。

对于这样的用户来说，试用的好处就是能够把自己的呼声反馈在版本升级中。像这样乐于最先试用的人被称为“潮人”(early adaptor)。

当然，如果让难缠的顾客（claimer）使用它的话，将会发生骇人听闻的事情。让那些事先已经知道是尚未完善的产品还来购买的人使用，这是 MVP 的铁律。

就像这样，**将尚未完善的商品不断推向市场，一边观察市场的反应，一边改进商品的做法，才是当今这个看不清未来时代下的商品开发的应有状态**。

这才是以“干中学”为基础的精益创业的意图所在。

## 精且多

但是，在硅谷，就连精益创业都已经越来越跟不上时代了。现在备受关注的是“**精且多**”(Learn and Scale)。

如果是精益创业的话，虽然大多数产品在尚处于不完善的阶段就被推向市场了，但是，达不到预期效果的产品压倒性地占据多数。这种多生多死的状态如果持续下去，大家都会感觉疲惫不堪了。

因此，“精且多”就应运而生了。最初与精益创业同样，产品刚出现的时候虽然不成规模，但是，随后势头迅猛地实现了规模扩大化。也就是说，**从 0 到 1，从 1 到 10，从 10 到 100，一位数一位数地，以超高速度达到扩大规模的目的**。

精益创业的真正目的也是想要实现那样高速的发展。但是，因为其仅强调了“精”，所以在从 0 到 1 这个阶段就被无秩序地生存下来了。当然，无论什么样的新事业、新产品最初都要从 0 到 1 这个地方开始。并且，发展到 1 之后，还想发展到 10。精益创业也千方百计想要实现这个目标。

但是，**最大的关口就是把 10 变成 100**。如果规模不能提升到一定程度，就无法作为有存在感的事业或产品生存下来。

**如果仅仅把 10 变成 11，把 11 变成 12，那只不过是线性模式；以 10 倍、100 倍的发展为目标，才是指数级增长的非线性模式。**

## Recruit的构“创”力

正如前文所述，Recruit 依靠“错移”（伸化）接连产生新事业，进而将其规模不断扩大。为什么 Recruit 拥有这种能力呢？

其秘密在波士顿日本子公司负责人杉田浩章最近出版的著作《Recruit 的非凡构“创”力》中有详细阐述（参见图 12-2）。在此，对杉田先生的解释稍做加工，试着用 0 → 1、1 → 10、10 → 100 这三部曲来对其进行重新解释。

0 → 1 是产生新事业创意的过程，1 → 10 是将其作为单发击中级别的利基事业培育成还算令人满意的规模的过程，10 → 100 是将其作为本垒打级别的事业规模迅猛扩大的过程。这正是实现了指数级增长的方程式。

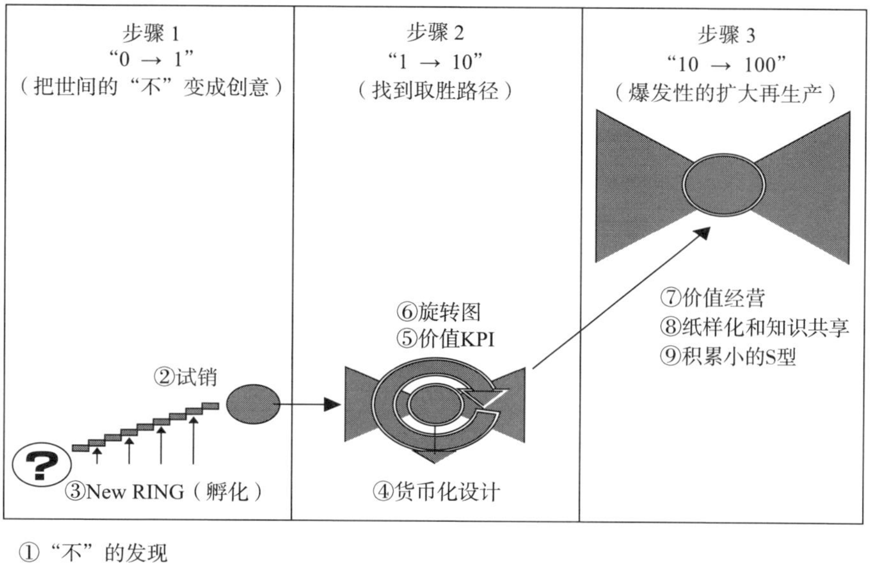


①“不”的发现：寻找成为新事业起点的“不”。
②试销：看透发现的“不”能否作为事业确立下来。
③New RING（孵化）：把创意培育为事业的支持。
④货币化设计：为获得巨大利益的模型设计。
⑤价值KPI：发现确定与取胜相关联的行动和指标。
⑥旋转图：一边高速旋转PDCA，一边寻找取胜路径的手法。
⑦价值经营：基于发现了的价值KPI，将其不断扩大经营。
⑧纸样化和知识共享：把为价值付诸实践而开展的行动落实在“纸样”上共享。
⑨积累小的S型：采纳在现场抓住的“苗头”的建构。

基于《Recruit的非凡构“创”力》而画成的示意图

**图 12-2　Recruit 的事业开发手法**

经常从企业干部那里听到拿不出新创意的烦恼。但是，新创意本身并不具有稀缺价值。如果开展一些以年轻员工及公司外面的社区为对象的创意竞赛活动，独特的创意就会大量涌现。

**0 → 1 的创意本身就具有大众性。**

**难的是 1 → 10，也就是把创意培育成“事业”的过程。**为此，必须很好地描绘事业模型，而事业模型的设计是大多数日本企业不擅长的科目。

难度最高的是 10 → 100，也就是**将事业概念横向拓展，进而成为事实上的行业标准的过程。**为此，必须**开动脑筋让其成为其他公司乐于活用的平台。**对于容易拘泥于自身实力的日本企业来说，最大的瓶颈就是这种压倒性的规模实力。

## “不”是创新的原石

为了发现 0 → 1 的创意，Recruit 的做法是找出世间的“不”。**为了打造潜在需求和供给对接的场所，在什么也没有的地方创造出新市场即“白地市场”，其基本思路就在于注意世间的“难事”( pains )。**这个地方的“不”，实际上无穷无尽地存在着，只不过人们只注意原有的市场而把它漏掉了。

在 Recruit，在 0 → 1 的阶段，有一个名为“New RING（孵化）”的公司内部竞赛大会（RING 是 Recruit Innovation Group 的简称，意思是招聘创新集团）。

在竞赛大会上，来自整个公司的人都纷纷发表各自想要开展的新事业。公司的领导成员也全部到场，并基于独到的眼力和经验，对参赛人的创议有无成长到 10、到 100 的可能性做出判断，同时对这些创议事业化的要害提出建议。

前面所讲的婚庆网站“zexy”及“Hot Pepper”、“R25”

等，都是经过上述过程产生的。可以说，这正是“明星诞生”的盛大舞台。

这一创意竞赛大会最近已被许多企业采用。作为一项革新，如果能够表现好的话，它可以达到提升员工士气的效果。

但是，从那里很少能产生大受欢迎的产品及本垒打事业。在 Recruit 有很高的成功率，是因为它有选拔 0 → 1 的眼力和**牢牢把握 1 → 10 并且把规模扩大到 100 的方程式**。

## 找到“取胜路径”

接下来的 1 → 10 这一过程中最大着眼点在于**找到“取胜路径”**。在前面提到的著作中，杉田先生指出了三个要点（我对顺序做了调整）。

> 第一，令人信服地设定出收益模型的假设。
>
> 第二，确定、预测“价值 KPI”，也就是确定并预测与价值密切关联的行动及指标。
>
> 第三，通过高速转动“旋转图”即前文提到的 PDCA 图，验证收益模型假设和价值 KPI。

这实际上也是一个精益创业的过程。Recruit 在精益创业广泛传播到全世界之前，老早就将这种看透取胜路径的方程式植根于组织之中了。

## 依靠纸样化进行规模扩大

在最终一步的 10 → 100 阶段，瞄准“爆发性的扩大再生产”。不仅限于单发击中，而是一个连续击打、最终实现本垒打的过程。在那里有两个特别的建构是关键。

第一个就是“**纸样化**”，即**把 1 → 10 的过程中产生的智慧落实在“纸样”上**。据此，**把潜在知识转化为有形知识，从而超越组织让整个公司共享**。这是知识经营（Knowledge Management）的基本方法。并非所有的创意都从 1 开始打造，而是通过将智慧横向铺开来驱动“伸化”程序。

第二个是“**S 的积累**”。一个创新在经历 S 形曲线之后，迟早会达到需求饱和状态。但是，通过积累现场智慧，发现在前面还有此前没能察觉的需求，就能够驱动新的 S 形曲线。

这是金融行业的一个衍生产品（derivative），被称为期权价值（option value）。据此就能够实现更加垂直型的成长。

Recruit 通过上述建构，实现了接下来要讲的指数级事业增长。这在日本企业中属于少有的案例。

接下来再次把目光转向硅谷。在那里，这种非线性思考如今已经作为 21 世纪的制胜模式而深受瞩目。

# 奇点大学的教科书

关于“奇点”，前面也已讲过。现在复习一下，奇点是指AI超越人类的技术特异点。

在硅谷有一家“奇点大学”①,在那里传授的是**“指数函数型成长组织（exponential organizations:ExOs）”这一经营模式。**

20世纪的企业呈线性成长，要想让产出达到2倍，投入也必须达到2倍。然而，按照收益递减法则，总有一天产出会达到极限。

另一方面，21世纪的企业，呈指数函数型（exponential）成长曲线（参见12-3）。

指数函数型成长是指利用收益递增法则②，同时获得规模和速度。例如，被称为GAFA的谷歌（Google）、苹果（Apple）、脸书（Facebook）、亚马逊（Amazon），从股东价值来看，位居世界前列的这四家公司，在进入21世纪以后都实现了指数函数型的成长。学术界把实现这种成长的企业命名为ExOs。**就像Shin Godzilla③那样，摄入外部能量，成为实现超常成长的新世代企业群。**

① 奇点大学（Singularity University）：由未来学家雷·库兹韦尔（Ray Kurzweil）和彼得·迪亚曼迪斯（Peter Diamandis）于2008年创设，旨在挖掘并支持能够描绘出指数函数成长曲线的21世纪型企业。

② 收益递增法则：在追加投入生产要素的时候，效率得到提升，投入的平均单位的收获不断增加。收益递减法则是与此相反的现象。如果能够实现收益递增，规模越大效率提升幅度越大，对于拥有最大市场份额的企业最为有利。

③ Shin Godzilla：2016年公开上映、在日本时隔12年再度制作拍摄的怪兽电影。在“Shin”这一词语里，有“新”“真”“神”等多重意思。

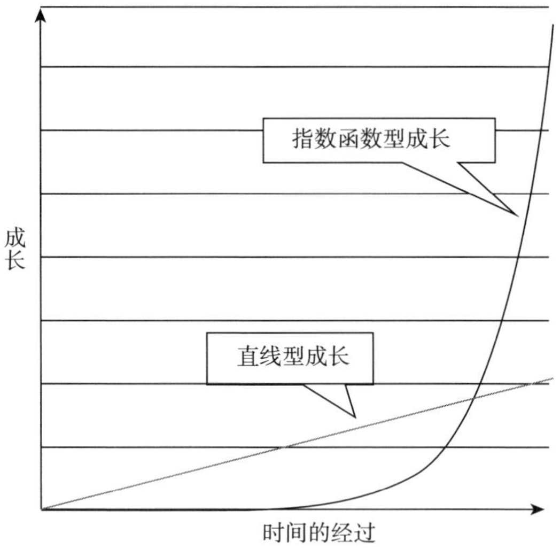


**图 12-3 指数函数型成长**

奇点大学认为，ExOs 企业具有共通特征，把它归纳出来就是“MTP ＋ SCALE IDEAS”的框架（参见图 12-4）。

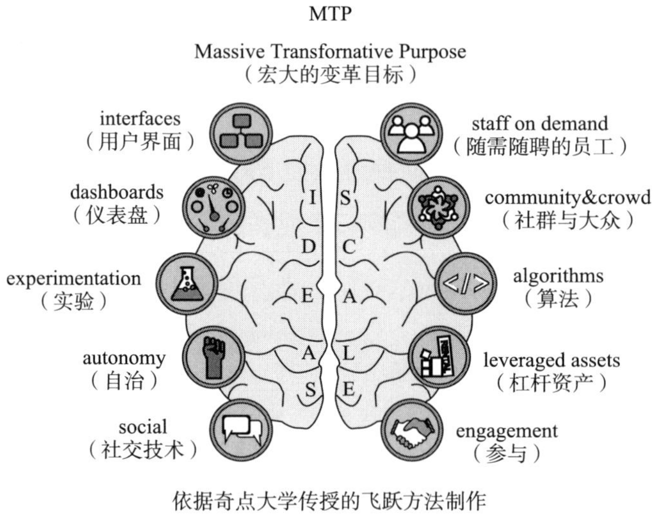


**图 12-4 exponential organization 的必要条件**

## 从登上月球到登上火星

通过图 12-4 就可以清楚地知道，作为其本来的起点，ExOs 原本就拥有MTP。那么，何谓MTP呢？即宏大的变革目标（Massive Transformative Purpose），就是要确立特别宏大、非连续性的目标，也可以说要夸大、妄想。这与前文介绍的MVP意思大不相同。

例如，在谷歌，无论哪个项目都以“Moon Shot”也就是登上月球为目标。不过，最近受特斯拉想把火箭发射到火星这一话题的触发，谷歌开始提出“以登上火星为目标”。再过一段时间，说不定又会提出“以登上冥王星为目标”。

即使在日本也是如此。比如，日本电产的永守先生、软银的孙先生、迅销的柳井先生被称为“吹牛皮三人帮”。不过，如果借用永守先生说过的话，那就是“吹牛皮不算撒谎”。

不管怎么说，目标要超出常识的宏大。如果不这样做的话，首先优秀的人才不会聚过来；其次，如果稍微取得了点成绩就满足，很快就会患上大企业病。把 1 万亿日元变成 10 万亿日元，然后再变成 100 万亿日元，不断树立非连续性的目标。这样一来，就完全没空陷入“创新者的困境”了。

## 把创意变成规模

要想实现指数函数型成长，在 MTP 之上还必须加上 10 项安排，面向外部的5项安排为“SCALE”，面向内部的5项安排为“IDEAS”，合起来为SCALE IDEAS，即“**把创意变成规模！**”

SCALE中的S为staff on demand的简写，意思是，根据情况，如果有必要，就从外部招聘人才。

C为community & crowd的简写，意思是，与外部的社区及团体广泛合作。

A为algorithms的简写，意思是，与伙伴构建双赢关系，在实现非连续性成长的方法论方面精益求精。

L为leveraged assets的简写，意思是，活用其他公司的资产。

E为engagement的简写，意思是，让周围的人凝心聚力。

有了这5项安排，就能很好地利用外部因素，从而达到扩大规模的目的。

从另一方面来看，即使在内部也有必要把外部条件很好地利用起来，从而构建有助于创新的机制。这就是IDEAS。

I为interfaces的简写，意思是，打掉部门之间的壁垒。

D为dashboards的简写，意思是，KPI一目了然的仪表盘。

E为experimentation的简写，意思是实验。

A为autonomy的简写，意思是自主经营。

S为social（technologies）的简写，意思是，对社交网络的充分利用。

依靠这5项安排，就能够**构建起精干出发、扩大规模的组织**。

这的确是硅谷才有的为了实现非线性成长的方程式。如果是风险企业还可以借鉴利用，对日本企业来说，能够起到多大的参考作用呢？

## 安装ExOs之灯

在奇点大学，老师们认为，至少有如下四个手法非常有效。

第一，经营者自己要对这个21世纪的指数函数成长模型的存在有足够的理解。企业之间的竞争是比拼相对成果的博弈，即使再怎么“正在准备做”，只要还是持续线性成长，就会在瞬间被ExOs拉开差距。在美国，传统型零售业的企业，也都因步亚马逊之后尘而纷纷陷入困境，明天也许就该轮到日本企业了。

第二，探索与这样的ExOs企业结成伙伴关系。即使自己要变成ExOs企业还有很高的门槛，也要争取与ExOs企业联手，从认真学习其生态着手。

在硅谷，日本大企业的风险投资公司①（Corporate Venture Capital，CVC）如雨后春笋般涌现。但是，其中的大多数都只是在寻找投资机会，如果很好地观察这些企业的实际状态，就会发现它们还没能进入学习的循环之中。在出资之前，先通过事业合作等方式了解对方是非常重要的。

第三，要在“边缘”尝试着开展ExOs式的经营。所谓边缘是指周边或边境的意思。

---

① 风险投资公司：事业性公司以自有资金创建基金，主要是开展为风险企业出资及提供支持等活动的组织。通过对与自己公司的事业内容相关的企业开展投资，以取得与自己公司的本业相辅相成的效果为目的。

我在麦肯锡工作时的盟友、*Net Gain*（在日本翻译出版的书名为《靠网络赚钱吧》）的作者约翰·哈格尔三世（John Hagel Ⅲ），现在一边在奇点大学任教，一边担任“Center for the Edge（边缘的中心）”这一研究机构的联席会长。他向21世纪的黑格尔信徒们（模仿19世纪初的信奉哲学家黑格尔学说的黑格尔学派的人）提出，企业必须在边缘开展创新。

“起伏”都从周边而起，企业为了保住本业，基本上都会拒绝在事业上建立具有破坏性的模型。所以，我劝大家先在海外分公司及子公司开展小规模的实验看看。

第四，将上述10项安排的一部分纳入实验中来。比较容易开展的是SCALE中的“community & crowd”和“algorithms”、IDEAS中的“dashboards”、“experimentation”和“social (technologies)”这5项。将这5项纳入实验之中，体会新的动向和节奏是接近ExOs的捷径。

## 学习优势的经营

对于上文所劝导采用的ExOs方法，大家觉得怎么样呢？

硅谷方式的指数函数型成长由于维度过于特殊，大家也许已经晕头转向了。因此，在这一节，为大家介绍一下我一贯主张的比较适合日本企业体制的理论。

2010年，我出版了一部名为《学习优势的经营》的书。我认为，以迈克尔・波特为代表的**“竞争优势”的战略论已经过时了。“学习优势”才是当今时代的关键词。**

在 20 世纪下半叶之前，竞争规则很明确，容易构建相对于其他公司的竞争优势。但是，在竞争规则已经完全改变的时代，如果企业还想以线性的构想为指导，那么就连生存都危险了。

以奥运会为例，就像让马拉松选手猛然参加 100 千米赛跑一样，如今已经不是在同一个游戏规则下比拼竞争优势的时代了。

在这里，重要的是在新游戏规则的基础上的学习能力。

所谓学习优势，与前文所讲的“干中学”很相近。**也许会失败，但是不管怎样先试试。从那样的尝试中能够学到多少、能够深入多少成为胜负的关键。并且，正是那样的学习能力，才和优势联系在了一起。**这就是我提出这一观点的初衷。

在无法预测未来的时候应该怎么办才好呢？例如，在不知道山的对面有什么的时候，应该怎么办？那一定是登上山顶去看看最好。登到山顶，就能看到对面。也就是说，**只要开展行动，不明白的事情就会明白了。用英语来说就是把 unfamiliar（不熟悉）的事物变成 familiar（熟悉）的事物。**

法国存在主义哲学家让 - 保罗・萨特[①]主张，投企（Projet）[②]

---

① 让 - 保罗・萨特（法语 :Jean-Paul Sartre，1905—1980）：法国的哲学家、小说家、剧作家。作为存在主义的代表性人物、将理论付诸行动的知识分子而闻名于世。他出版了《存在和虚无》《自由之路》《恶心》等多部著作。

② 投企：翻译过来的词语，分别对应于法国哲学家让 - 保罗・萨特（法语 :Jean-Paul Sartre，1905—1980）的“Projet”，德国哲学家马丁・海德格尔（Martin Heidegger，1889—1976）的“Entwurf”。意思是指以“被投”这一形式受生的人却总是朝着实现自我价值的方向迈进。

和参与政治（或融入社会）[1] 才是开拓未来的唯一行动准则。在不能读懂未来的非线性时代，自己主动融入世界，通过选择，获得“学习优势”才是生存下去的唯一道路。

如果仅仅止步于自己熟悉的领域，就会被激烈变化的世界淘汰。虽说如此，如果是自己不熟悉的领域，因为不知道该如何奋战才好，所以是否要前往，大家通常都会犹豫不决。毅然决然地奔向那里能否生存下来，就要看学习能力的高低了。

要想学会游泳，首先要扎入水中，如果不想沉下去，就会想尽办法奋力向上浮。在这一来二去之间，游泳就学会了。与此同理，即使最初很苦，但因此而积累的经验会成为下一个优势的起点。

拥有学习能力的个人也好，企业也好，如果在同一个地方踏步不前的话，学习效果就渐渐达到极限，学习能力本身就会退步。**要想持续成长，必须在新的领域开始新的学习**。而且，无论是谁，越是不熟悉（前人未踏足）的地方，先到达那里熟悉起来就越有可能取胜。

为此，**并非继续学习，而是要“脱学习”**。虽说如此，也并非什么也不学。因为那就会单纯地重复“试错”，成为“不接受惩罚的家伙”。

**并非是在同一个地方踏步不前地学习，而是要将学习的场所“错移”**。“错移”在这里才是关键。

① 参与政治（或融入社会）：法国存在主义的专业用语。由于自己身处现实当中，要作为赋予历史以意义的自由主体活在世上。在萨特和阿尔贝·加缪（Albert Camus，1913—1960）等人那里，参与政治、融入社会具有更大的的意义。

如果把学习的场所错移，就能够描绘出新的学习曲线。这种**接连获得新事物的能力，正是实现下一时代成长所必须具备的学习能力**。而且，**经常向新事物发起挑战，才是当今非线性时代最需要具备的优势**。

这样的时代，实际上也是咨询受困的时代。因为在解决问题之际，不能仅在纸上谈兵，而要去亲身实践，从实践中学到的新事物，就会成为自己的下一个优势。光跟别人说“喂，跳下去吧”，自己却不跳下去，那样的咨询已经落后于时代了。

**如今，被要求做到的是，并非只是提供指示性的咨询，而是能够陪伴客户一同行进的咨询**。

但是，如果不具备“脱学习”和重复学习的能力，即使想与客户一同行进，搞不好的话，也许客户早已走到自己前面去了。不具备超越客户、经常通过行动持续学习技能的咨询，在 21 世纪已经不通用了。

## 本章总结

- 不拘泥于原有的建构和原来的思考方法，持续重构新的价值和意义，才是符合今后看不清未来的非线性时代（VUCA 的世界）的新思考方法。
- 要想解构，有三个方向，即一枝独秀（深化）、在能够发挥优势的领域错移（伸化）、突然变异地瞄准新市场和新领域（新化）。新化难以发挥优势，成功率低，还是应该以实现深化或伸化为目标。
- 在无法读懂未来的时代，详细制订计划本身已经没有意义。PDCA 按计划越是如实实施就越容易被时代淘汰。制订计划不要花费太多时间，首先开展实践，针对市场反应“干中学”。

- 21 世纪型企业描绘了指数函数成长曲线。这些企业都拥有宏大的非连续性目标（MTP），能够很好地利用外部条件，并能培育创新机制（SCALE IDEAS）。
- 与迈克尔·波特所阐述的竞争优势战略论相比，向新事物挑战、从中获得更多新事物的“学习能力”才可以实现下一代的成长。

第三部分

# 超越咨询

本书已接近尾声了。在此之前，关于解决问题的方法，对职业战略咨询最高峰的麦肯锡和波士顿的方法，我以自己的经验为基础做了介绍。在介绍那些方法的优势的同时，关于其局限性，我也做了明确介绍。另外，关于在今后的时代解决问题时遇到的课题及咨询顾问需要具备的能力，我也随处做了阐述。

决定要阅读本书的理由虽然各种各样，但大体上离不开下面三个，难道不是这样吗？

· 想做咨询；

· 想超越咨询；

· 想用解决问题的方法解决世间的所有课题。

对应各自的目的，下面按照顺序讲述其方法论。

第 13 章

# 献给想成为咨询顾问的你

## 录用咨询顾问的三个条件

我认为，想进咨询队伍就职做咨询顾问的人肯定不少。那么，什么样的人会被录用？做咨询顾问要具备什么条件？以我担任录用负责人时的录用条件为例特别介绍一下。这在日本是首次公开。

我担任录用负责人的时期，正好是2000年前后。当时有Oisix ra的高岛宏平、场地管理者的并木裕太、气仙沼编织公司的御手洗瑞子等这些目前活跃在各行业的独具特色的人才前来应聘。

当时的录用基准有如下三个：

**左脑（逻辑思考）；**

**右脑（模型辨认）；**

**初体验（对知识的好奇心）。**

通常来讲，左脑负责逻辑思考，右脑掌管直觉和艺术的创造力①。

关于第一个条件所列举的使用“左脑”的思考方法，只要是

① 艺术的创造力（creativity）：关于艺术和审美意识的重要性，最近特别引人瞩目。山口周撰写的《世界精英是如何锻炼“审美意识”的》、安西洋之和八重樫文撰写的《突破设计》《接着设计而来的》都成为畅销书。

想做咨询的人大都很擅长。即使本来并不太擅长，在参加录用考试的时候，也能够发挥得很好。因为这是通过练习就能够掌握的能力。也就是说，如果努力练习逻辑思考，就能养成讲话有逻辑的习惯，在录用考试时就能够拿到合格的分数。

与之相比，作为第二个条件的“右脑”，要想训练它则非常困难。创造力不是像逻辑思考那样通过训练就能掌握的。

虽说如此，要想训练，也并不是做什么都没有用。练习用形象及“模型”来把握事物，将左脑用数学方程式来进行处理的内容，换右脑用模型来处理。“这与过去的事例很相像啊”，像这样用形象来处理事物，这和 AI 进行深度学习的要领一样。

在解决实际问题时，为了把这个问题的解决方案与此前发生的事例相对照，可以把以往的经验，以及一些解决问题的模型记在大脑之中。

曾任麦肯锡东京分公司总裁的横山祯德说过，“要想做咨询，如果能够辨认 3000 个左右的模型就够用了”。虽然用一句“足够了”来结束，但是，辨认 3000 个模型还是具有相当难度的。

横山先生长年从事指导者工作，当指导者一个月接触到的新事例最多也就 10 件，简单换算的话，一年 120 件，要想记住 3000 个模型，需要花上 25 年。这还是以完全没有重复事例为前提的。

所以，说到这里大家应该已经明白了，3000 个事例是不可能被简单地记到脑子里的。

即使不等上 25 年，在自己做判断的时候，只要在头脑中能有几个解决问题的雏形，就会大不一样了。实际上，纯粹的富有创造力的人很少。但是，如果能有几个可以作为判断依据的模型，它们就会成为一个人的判断基准。

例如，某个人的专业是化学，只对化学精通，这样说也没问题。在化学实验中进行各种各样的试错过程，这样的模型也应该有几个。这样的经验就可以成为个人的模型清单中的一个。

同样，历史、自然科学、艺术，什么都可以，**在平常就要有问题意识，将一些模型装入头脑，**这些事例就会变成你自身的素养，成为你个人专属的Liberal arts（通识教育学科）。

最后的录用条件就是“对知识的好奇心”。“什么？什么？”像这样**对什么事物都要有好奇心，然后会去思考“为什么？将怎么样”，直到理解之前不断地问下去**。

## 拥有成为自己的“基准”的初体验

以上三个基准如果用一句话来说，就是在一个人的人生中，对什么样的事物感兴趣。对待事物，不要仅看外表就让它过去了，而要拥有好奇心。我认为，这才是从事咨询应该具备的条件。

具备这样条件的人的共同点是什么呢？我发现，就在于**是否拥有某种初体验**。也就是，自己亲身客观地经历过烦恼，或者对于自己究竟是什么有着深刻内省之类的经验。拥有这样的初体验的人，会被最先录用。

像大家已经发现的那样，在海外长期生活过的人，大多都拥有这样的初体验。因为在生活中，自己不断想起自己是另外一个国家的人，多次重新探寻自己作为另一个国家的人的根本。参加过非营利组织（NPO）的人也是同样，目睹了非常悲惨的事情后，在这之前一直被认为是理所当然的优越生活的本质，开始被重新审视。拥有这样的经验非常重要。

并木拥有在美国西海岸生活过的经验，御手洗在学生时代曾参加过援助海外活动。拥有这样经验的人，有着强大的内心。

没有海外生活经验，也没有参与过NPO，仅是在十几岁的时候，对“自己是谁”进行过苦思冥想，甚至闭门不出，这样的人也有。拥有这类经验的人，与每天什么疑问也没有、只是凭着应试体质走过来的学生相比，当咨询顾问的话更有可能获得大的发展。我认为，**对知识的好奇心的原点——“自己是谁”“对方是谁”这类事情进行深入思考的人**应该给予重视。

在《百岁人生：长寿时代的生活和工作》一书中，作者琳达·格拉特非常看重的一个资质，就是是否经历过严酷的考验。比如，亲眼看到身处难以想象的悲惨境地的人，自己身处难以忍受的悲惨局面的那种体验。

她认为，经历过与没经历过严酷考验的人的视野完全不同。这同我说的初体验一样。我劝大家，在正式参加工作之前，去寻求那种初体验，花上几年，开展一次寻找自我的放浪之旅。

反过来说，也有绝对不予录用的基准。

那就是最近不断增多的所谓“咨询变异”，仅在逻辑思考方面表现特殊、把一个模式视为理所当然的人，首先就被排除在录用对象之外。

同样的条件，法学专业毕业的人通常不会被录用。为什么呢？在法学院，他们自己制定规则，学习那些符合规则的事情。因此，这些人的想法通常都会站在维护秩序的一侧，容易表现出权威主义。但是，咨询顾问要求具备的条件正好相反，要打破秩序和规则。因此，法学专业毕业的人，如果不是法哲学及法律以外的科目且成绩好的人，很难被录用为咨询顾问。

也可以说，不像能做咨询的人反而更容易被录用。一般来说，理科院系或者文学院毕业的人很受欢迎，反而商学院和经济学院毕业的人则很难被录用。

顺便说一下，实际上我也是学法律出身的，所以，脸上无光。我在刚进入麦肯锡时，大前先生对我很同情："东京大学法学院毕业、哈佛商学院、三菱商事？什么呀这是？你把不能作为一流咨询顾问集大成的条件偏偏都具备了。真的是要受三重苦啊。"至少，我在法学院法律方面的科目成绩都很差，所以，多少有点被挽救了的感觉。

除了刚才所讲的录用的三个条件之外，要想成为好的咨询顾问还要具备三个方面的要素。

其一，不要被常识束缚，要有自己思考的能力。

其二，即使对与自己处境完全不同的人，也要模拟体验对方的立场，理解对方的感受。

其三，不要做一个机器人。也就是说，要有作为血脉相通的人的魅力。难道不是这样吗？虽然也与刚才所讲的初体验有关，但是要做真正的自己。毕竟**作为人，就要让自己变得更加有魅力**。这是成为咨询顾问的捷径。

但是，这并非要求大家做一个仅仅是能够同情对方的“老好人”，而是要做一个在同情对方的同时，还能够站在“假如自己处在对方的立场该怎么样解决问题”的视角深刻思考的人。最后，希望大家都成为能够用自己的基准做出判断的人。

在第 10 章介绍了 IQ、EQ、JQ 这三个方面的资质的话题，大家能否回想起来？

**要想成为好的咨询顾问，IQ 和 EQ 只不过是必要条件，只有再加上 JQ，才能够满足要求。**

## 本章总结

- 成为咨询顾问的条件有三个，“左脑”（逻辑思考）、“右脑”（模式辨认）、“初体验”（对知识的好奇心）。
- 不要仅通过外表看事物，要带着好奇心活着，这是成为咨询顾问的重要条件。要具有以严酷考验为代表的“初体验”。
- 要想成为好的咨询顾问，拥有 IQ 和 EQ 只不过是必要条件，再加上 JQ，才能够满足要求。

第 14 章

# 献给想要超越咨询的你

在第 13 章，我对以到咨询队伍就职为目标的人讲了今后时代对咨询顾问的资质要求。在本章，为那些想要进一步提升自身资质、成为超越咨询的边界和局限的商界人士的人，提供一些指导性建议。

首先，我认为，作为商界人士的基本能力大体上分为 3 个方面，也就是**洞察力、共鸣力和人格力**。

实际上，这是我在开展企业干部研修活动时，对参加者的建议案进行评估的基准。

关于建议案的内容如何、能否引发听众的共鸣、内涵的人格力是否优异，我从 3 个 I、3 个 S、3 个 P，共 9 个角度进行检查，再加上综合评估，以 10 分为满分进行评估。

抓住这几个评估点，不仅能看出被评估者的建议能力，还能够看出其今后能否获得全面成长的潜力大小。接下来，我们按照顺序逐一来看这几个评估点。

## 锻炼洞察力的3个I

首先是洞察力，它可以用 3 个 I 来表示。

**（1）影响（impactful）。**

**（2）创新（innovative）。**

**（3）执行（implementable）。**

**“影响”就是看透对企业来说最重要的事情是什么的能力。**

这对企业来说是最重要的，即对本垒打是否有影响。所谓本垒打，通常指利益。但是，在最近的三重底线经营里，在利益的基础上还要加上对环境和社会的影响。对此前文已有阐述。

**“创新”即超越现在（超出常识）的能力。**

**“执行”即能够实行的能力。**

一般情况下，同时满足这 3 个要点很难。特别是后面两个，具有创新性、能够执行，与取舍关系很相近。为什么？通常来看，能够执行的事情大都是平凡的，具有创新性的事情则难以执行（如果容易执行的话，大家老早就做完了）。

所以，以超越那种取舍关系的 3 个 I 为目标，就成为能否拥有卓越解决问题能力的关键。

**不是想当然的事情，而是大家都没有注意的事情。即使看起来很难执行，但若能找到执行的头绪，那就去寻找它。**

## 培养共鸣力的3个S

共鸣力可以用 3 个 S 来表示。

**（1）简单（simple）。**

**（2）调侃（spicy）。**

**（3）故事（story）。**

这 3 个 S，是关于所提建议案风格的评估基准。即使内容很好，如果不能将其很好地表达出来，就不能打动人。一个劲地找借口，来回搬弄各种各样的事情，那是不行的。无法表达，就不能引发对方的共鸣。

要想引发共鸣，传达的信息要简短，有调侃性，也就是副歌要起效果，有故事。这是很重要的。

这里所说的故事，可以理解成起承转合的结构，也可以是一些让人心潮起伏、有些出乎意料的内容。不管怎么说，要让听者觉得时间很快就过去了。故事就是在那种意义上的抑扬顿挫或剧情。

## 丰富人格力的3个P

人格力可以用 3 个 P 来表示。

**（1）视野（perspective）。**

**（2）品格（personality）。**

**（3）激情（passion）。**

除了内容和表现之外，还能看出什么的话，那就是“内涵的人格力”。从表面来看，也许觉得洞察力和表现力很重要，但是，最能打动人的，即使在咨询领域，依然还是人格力。为了满足这一要点可以列举出 3 个 P。

**所谓视野，是指对事物的看法是否有自己独到的基准。**关于这一点，在前面的第 13 章已经讲到了，科学家的基准、历史学家的基准、艺术家的基准等，无论什么种类都可以。拥有自己的判断基准的人才让人佩服。

**所谓品格，是指让人感受到你的人格、品德、EQ 和 JQ 的品质。**也可以说，品格是接近于 EQ 和 JQ 的资质。

**所谓激情，是指表现出的热情、认真程度。**在咨询界，即使提出了用非常严密的逻辑思考得出的分析结果和解决问题的方法，最后依然要看激情，要看这种热情奔淌到什么程度。

实际上，对听建议案的人来说，建议案的内容基本不会留在他们的脑海里。当然，作为故事，如果在表达的那三五分钟很有趣的话，还是能够给听者留下一点印象的。但是，在最后留下的其实还是“那个人说的话究竟在多大程度上是真心流露的”，这个真心程度才最打动人。

关于激情，有一个有趣的故事，它距今大约有 20 年了。

研究人员出身的御手洗肇担任佳能公司总裁的时候，佳能产生了很多有趣的创新。人们都想知道其中的秘诀，这个故事就是在御手洗肇接受为什么会有那么多创新的采访时发生的事情。

当被称赞“不愧是研究开发出身的总裁，对技术拥有独到的眼光”时，他的回答令人意外：“由于大多数的案例都不属于自己的专业研究领域，所以对建议案的内容几乎都不懂。大体上，干技术活的人说出的话，对外行来说是完全不懂的。所以，当有人发表自己的建议案的时候，与其听那个人讲，不如目不转睛地盯着那个人的眼睛。如果那个人自己都感动得眼泪汪汪的，那就证明他是发自内心的，所以我就为那个人开绿灯放行。”

在我跟佳能的其他人讲了这个故事之后，据说，每次再召开建议案发布会时，发表建议案的人都会偷偷给自己的眼睛点上几滴药水。这在该公司流行了一段时间。

是否发生过这样的事情姑且不论，但这个故事可以说明激情作为最后一个要点是非常重要的。内容也好，肢体动作也好，故事也好，最后依然是激情决定着成败，而且也在很大程度上左右着事业的前途。

除了在此介绍的洞察力、共鸣力、人格力这 3 个指标之外，应该还有其他要注意的要点。但是，不限于咨询领域，国内外已经取得事业成功的精明强干的经营者及风险投资的创业者，这 3 个指标对于他们来说基本都不在话下。所以，对于正在思考自己成长的读者来说，这些也是非常重要的注意事项。而且，令人高兴的是，从某种程度上来说，这些方法全部都是可以通过锻炼得以掌握的。

## 具备在无意识中发现珍奇事物的本领

刚才列举的 9 个指标，在某种程度上来说，只要锻炼就能够掌握，但是，关于下面将要介绍的“在无意中发现珍奇事物的本领”①，也许会稍微有些难度。因为那是无法预测、无法计划、偶

① 在无意中发现珍奇事物的本领（serendipity）：非常偶然的巧遇、发现了预想之外的事物。并且，在想要探寻什么事物的时候，偶然发现了与想要探寻的事物有着完全不同价值的事物。荣获诺贝尔奖级的科学家大多都说自己拥有这样的本事。

然遇到的事情。因为是无法预测的事物，即使想制订计划也没有办法。

虽说如此，我还是非常看重这一本领。预先协调好地制订计划，一般结果不会发生有趣的事情。如果想要真正做出新的事情，不管怎么说，没有预料到的相遇、偶然性都是必要的。

如果没有偶然性，事情最终都会朝着一个方向发展。例如亚马逊的推荐功能，一旦顾客购买了经营方面的书籍，此后它就会盲目地向顾客推荐这一类图书。我仅检索过一回经营类的图书，亚马逊就给我推荐了五六本同类书。以前都是读些五花八门的书，经过亚马逊的这种推荐，顾客终于有兴趣将其买来放在自己的写字台上了。但是，这样容易让顾客盲目地陷入经营学方面的书堆里。托亚马逊这种推荐功能的福，我自己读的书不知什么时候都偏向经营学方面去了。

如今，已经进入个性化时代，一旦被认定为“你就是这样的人”，人们就会发现，只是那些投自己所好的信息进入了自己的手机和电脑。这也许会让你对某个领域的理解加深，但是，却不利于知识面的拓宽。

在第二部分，在知识和人才方面，介绍了要求从“T 字形人才”转向“π 字形人才”。但这样一来，很可能连 T 字的宽度都没有了，从而变成了钉子形状的“I 字形人才”。

**正是在非连续性变化的时代，如果不把天线架设到与自己当前的兴趣不同的事情上，人们对事物的看法就会容易变得极端狭窄。**

人必须能够抗拒自己的兴趣爱好。如果放松警惕疏忽了的话，很可能在自己都没有意识到的情况下，就变成了“既没有深度也没有宽度”的人。从某种意义上来讲，如今是非同寻常的时代。

因此，**要经常有意识地拓宽自己的兴趣，遇到与自己的“好球区域”不同的事物不要错过，要当成踏踏实实走下去的顺路。**即使是自己完全不感兴趣的学习会或晚会，只要有人邀请不妨也去参加，或者自己主动去参加。正是在那些地方，才会有意外的相遇和偶然的发现。

在大数据和AI时代，个性化技术不断进步，对偶然和相遇的灵敏度提出了更高的要求。提升对与自己的感性领域稍稍偏离的事物的灵敏度，也成为摆在每个人面前的重要课题。

## 开始游牧型人生之旅吧

所谓游牧型人生，是指像游牧民族那样“居无定所”的人生。

在麦肯锡，经常把咨询顾问的类型一分为二：农场主和猎人。农场主就是指在同一个地方拼命挖掘的人，而猎人就是指追赶有趣事物、哪里都去的人。

但是，游牧民与这两者都有区别，他们不定居住在一处，也不会为追赶猎物到处乱跑，而是到达某个地方，在那里留下自己的足迹，然后再开始下一个旅程。

游牧型的生活方式从两种意义来看都很有意思，一种是定期地过着集体生活，因为集体生活可以加深相互理解，也留下了自己的足迹。同时，在集体中行动，可以在某种程度上把周围变得活跃。

另外一种是敢于从当前这种环境中离开，踏上下一个旅程。而在下一个目的地，又可以以同样的形式受到新文化的熏染。

也就是说，所谓游牧型人生，是指**把自己拥有的好处移植到所去的地方，自己也从那里吸取了新的好处，让自己变得强大之后再去下一个地方。**

这也是人生百年时代所必要的生活方式。在*LIFE SHIFT*中出现了“五回人生”的内容。活到百岁就相当于度过了五回人生，就和拥有“变身资产”一样。如果没有改变自己的力量，人就很容易不管怎样也要在同一个地方定居下来。但是，如果为了将来考虑，劳动市场的流动化确实已经出现。那个时候，变得越发重要的，理应是游牧型生活方式。

这并不是要求大家都必须成为超级精英，而是要思考自己接下来想做什么，要打造自己的下一个人生，对自己的下一个人生进行投资。人生百年时代，并不能只在一家公司干到退休，对此从一开始就应该有思想准备。

特别是对以“YAHOOS”（Young adult holding options，年轻人拥有选择权）为代表的一代人来说，还是要意识到职业发展路径（career ＋ pass）为好，在近 10 年乃至 20 年间，看自己收获了什么，据此来预测下一个事业开展的可能性。

顺便提一下，所谓年轻人拥有选择权，是指“年轻人·成年人拥有选择权”的意思。所谓选择权，是指下一个事业展开的可能性。所以，年轻人还拥有很多选择的机会。从世代上来说，“YAHOOS”与 1980—2000 年间出生的千禧一代（Millennials）

相重叠，但不是仅从年龄，而是从人生价值观来命名的。

比如，大学毕业后不要马上就业，可以为了寻找自我而去世界旅行。即使就业了，也仅把它当作一种自我尝试，是自我的临时状态。实话说，这样的人在咨询界非常多。他们在一两年的时间里，选择适合自己的事物和生活方式，然后辞掉工作再去往下一个地方。

总之，**不要把自己固定在一种模式里，敢于尝试一种半吊子的状态，一边为那个地方做出贡献，自己也从那个地方吸收养分，再思考下一步的动向。**之前这被称为延缓[①]生活方式，在人生百年时代的今天，游牧型生活方式将会受人瞩目。

## 看之前先跳

日本人被认为是岛国民族，其实那是锁国的江户时代之后的事情，古代的日本人是海洋民族。作为海洋民族的日本人，乘船到达菲律宾的吕宋岛，然后又到了越南和柬埔寨。所以，在那些地方有日本人的坟墓，那是锁国之后无法回来的人们在那块土地上生活的证据。

根据当时留下来的资料可以看出，他们非常受当地人的欢迎

① 延缓（moratorium）：美国心理学家艾里克・艾里克森（ErikErikson，1902—1994）引入心理学的概念，是指学生等延缓进入社会、作为真正的成年人独当一面的状态。

和尊敬。日本人把水稻种植和工艺制作等技术传授给了当地居民，所以，在受到尊敬的同时，他们也非常融洽地融入了当地生活。

虽说是移民，但日本人深深地植根于当地，把自己的优势与当地的优势很好地融合。这种高度融合的力量，正是日本人特有的能力。日本人拥有“和洋折中”“和魂洋才”等在所有时代都能吸纳好的事物并将其变成自己东西的能力。

假如拥有这种融合的能力，待在相同的地方，是没有任何好处的。**经常接触不同的事物，与不同的事物进行同化**，才是日本人的优势。这也是我褒扬游牧型人生的理由。

但是，在与不同的事物进行同化的同时，还要继续保持真正的自己，这一点非常重要。这也就是在第二部分讲到的 JQ，要拥有自己的基准。

**在拥有自己的基准的同时，重新吸纳对方的优点，杂交分娩。只要拥有那种能力，即使到了新的场所，也能够不断产生价值。**

LEAP 是我喜欢的词语之一。所谓 LEAP 是指跳跃，不怕风险跳起来看看。大江健三郎①的早期代表作有一部名为《看之前先跳》的短篇小说，那正是 LEAP 之劝（劝导人们“跳”高望远）。**不是看完之后再跳，而是通过跳跃来看，就能够有新发现**。这用前文介绍过的存在主义概念来说，就是“投企”。我们人类就是这样一种经常跳入现实之中不断追求自我可能性的存在。

① 大江健三郎：诺贝尔文学奖得主。1958 年，还在东京大学读书的年仅 23 岁的他凭短篇小说《饲育》成为荣获芥川奖最年轻的人。作为深受萨特存在主义影响的作家受到人们瞩目，与石原慎太郎、开高健并称“新一代作家”。其作品内容涉及核武器及国家主义等人类问题、故乡四国的森林及与患有智障的长子（作曲家大江光）的交流等自身的“个人体验”等。

在我以前出版的著作《成长企业的法则——从世界 100 强看到的 21 世纪型经营理论》中，我将 21 世纪成长型企业共通的特性用 LEAP 这一记号抽取出来，将企业经营从战略论、组织论、生命论、哲学论的角度进行分析，然后又通过各自的静态特性和动态条件进行解读。

L（lean & leverage）表示事业模型的条件。

E（edge & extension）表示组织能力的条件。

A（addictive & adaptive）表示支撑组织能力的企业 DNA 的条件。

P（purpose & pivot）表示志向。

上述这些就是持续成长的公司必须具备的条件，然后再将这些条件嵌入 LEAP 这一框架之中（参见图 14-1）。

其中，最重要的条件就是 LEAP 的 P，即 purpose & pivot。purpose 是指本来想要做什么的志向和基准，pivot 是指向前踏出一大步。

到了 21 世纪，持续快速成长的世界顶尖企业，都**在拥有牢固基准的同时勇敢地大步向前迈进**。这简直是手持游牧型哲学。

这与人生的指针也完全通用。在拥有自己的基准的同时，通过学习新经验，就可以达到更高的高度。用辩证法来说就是扬弃。正是通过执行 LEAP，才能在这个非连续性时代中驱动自我成长。

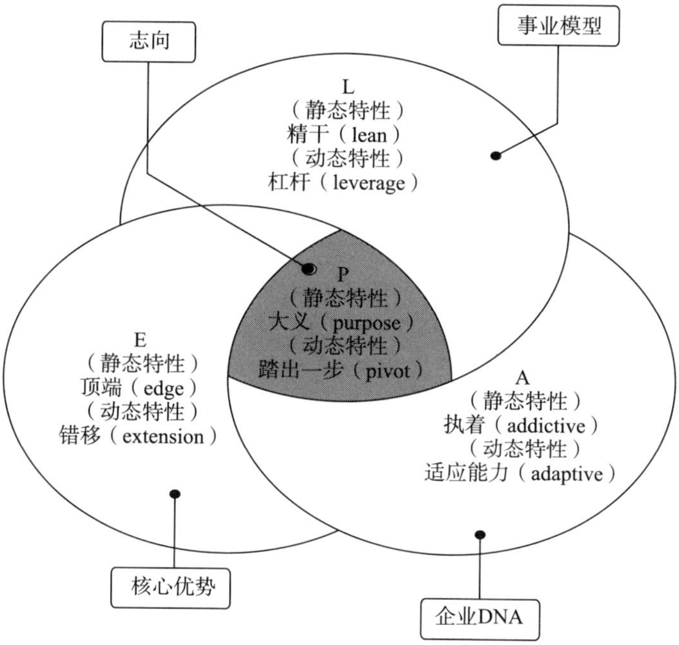


图 14-1　LEAP 成长企业的框架

## 突破“成长的极限”

在想要实现自我成长时，必须考虑的是“成长的极限”。

“精力充沛地努力。努力工作，努力学习。直到再也没有多余的精力了”，被这种想法驱动的事情并不少见吧。在呼吁“工作方式改革”的过程中，这种想法变得更加强烈。

但是，从另一方面来看，在相同时间内，取得的成果无论从数量来看，还是从质量来看，都因人而异，这是大家都能够接受的事实。所以，与“工作方式改革”同时被人提起的，就是“生产效率”的问题。

那么，决定个人能力极限的是什么呢？为什么那个极限会因人而异呢？

成长的极限就在于自己本身。个人的技能可以通过充分挖掘潜力得到提升，问题是很多人**都处于“精力方面不充裕，充分挖掘潜力的余力不足”这一状态**。多数情况下，就是这种状态造成了个人的成长极限。

那么，潜力如何才能被充分挖掘出来呢？

下面介绍三个要点：

**（1）限定投入的时间。**

**（2）减少投入的任务。**

**（3）提升生产效率。**

也就是说，这是一场由自己来实施的自我工作方式改革。如果大家能一边在脑海中描画业务场景，一边来读我下面的内容，应该更能感同身受。

**1. 限定投入的时间**

首先**要限定工作时间**，不要把工作时间安排得满满的。比如，不要按照每周工作五天来划分时间，而是按照每周工作四天来划分。这正是谷歌的 80/20 规则[①]，“只用 80% 的时间把工作做完”，预先安排好计划，不要把自己的时间使用到没有余地的程度。这

① 谷歌的 80/20 规则：在每周的五个工作日中能够拿出一天来思考自己想干的项目。这作为谷歌的创意之源成为业界谈论的话题。

是制订计划的关键。

**2. 减少投入的任务**

接下来重要的是，决定应该处理的工作的优先顺序。不要按照接到工作的时间先后来处理，而**应该优先处理重要且能发挥自己优势的工作**。

按照解决问题的要领，使用矩阵，把工作分类并安排在不同的部位。横轴为工作的重要性大小，纵轴为技能的独特性，结果就成为图 14-2 那样的矩阵。

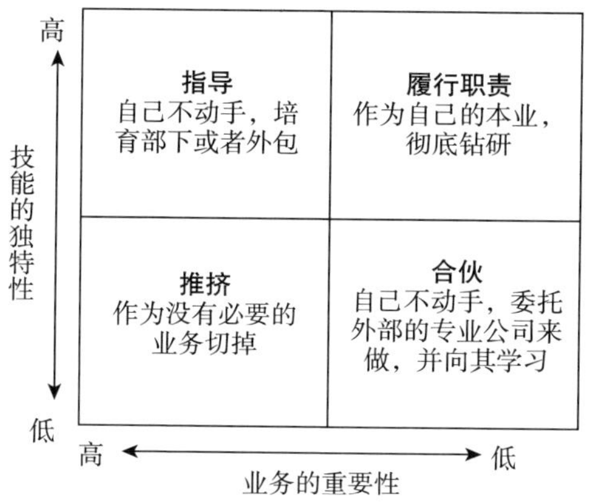


**图 14-2 为了提升生产率的工作缩减方法**

在这里也要把焦点对准东北区域，也就是右上的位置。而应该舍弃的地方，明显是左下区域。

试着分析一下各项工作所需的时间，左下区域的工作至少要花费 20% ～ 30% 的时间，而右上区域那样富有创造性的工作，花费的时间可能不到 10%。按照这个计划来开展工作，生产效率当然会降低。

比如会议。会议通常都很花费时间。如果把没有成果的会议或者那些在互联网上共享即可的会议作废，这样节省下来的时间就可以使生产效率大幅度提升。

在这里介绍一个很有趣的案例。这是从派往日烟国际（全称“日本烟草国际公司”，总部设在瑞士）挂职的日本烟草（JT）的官员那里听到的事情。他说，召开会议就是拼命！

在日烟国际，会议的主办者有义务把“召开会议的目的”、“会议要决定的事项”和“会议的结果将得出什么样的结论”这三个问题很好地向公司最高领导汇报。

如果这三个问题答不好，就不会批准召开那样的会议。在8小时工作制得到很好执行的欧洲，召开得不出结果的会议和冗长而乏味的报告一个接一个的会议被认为是犯罪行为。他们会认为，“你把我的宝贵的时间当成什么了”。

回到日本的他，让JT采纳了日烟国际的做法。这给以往随意召开各种会议的JT带来了极大的影响。只能召开豁出性命的会议，所以节省了很多的会议时间。

但是，作为在矩阵中经常存在的左上和右下区域的处理办法，实际上，用一般的手段解决不了。因为这两者处于把那个立起来这个就立不起来的状况中，会受到二律背反的夹板气。

例如，在左上区域，因为能够在此发挥自己的技能，所以不知不觉地就总想着由自己来做。但是，这个地方更加需要忍耐下来，自己不要出手，而是交给别的成员，只对其技能提升提供支持。如果因为自己能做就自己做了的话，最终自己就成了瓶颈。

另一方面，在右下区域，因为此处事情的重要性（影响）

大，所以仍然是想着由自己来做。但是，对本来就不能发挥自己技能的地方出手的话，先不说生产效率，很可能连输出的质量都保证不了。因此，要毅然决然地将这个地方的事情交给专业性更强的伙伴。不过，也并非撒手不管，而是向外部伙伴学习，为将其变为自己的技能（右上）而努力。

在这里，“技能的独特性”成为重要的判断基准。如前所述，**虽说是有独特性，但也不要全部都由自己来做完，活用外力也是非常重要的。**

培育团队成员，创造一个即使自己不做也能够完成的局面（左上）。反过来，不能发挥自己独特性的业务，就要彻底利用外部智慧（右下）。这种“杠杆”的构想，会有助于实现工作量的高效缩减。

要想加上杠杆，必须实现**业务的标准化**。就像左上区域那样，要想把业务交给他人去做，就会对只有自己才能完成的“手艺人绝活”感到头疼了。对只有自己才能做的业务要彻底钻研，精益求精，然后将其落实到具有再现性的程序里，其结果就可以推进工作的标准化和共享化。

像右下区域那样把业务委托给外部来做时，要想与自己公司的业务流程统一起来，就要求实现界面的标准化。进而，要想把外部的“手艺人艺术”吸纳到内部，也必须努力实现该业务本身的标准化。

通过标准化，各种各样的IT工具就都能够使用了。界面如果开放了的话，外部的资产就可以使用了，生产效率也可实现大幅度提升。丰田生产方式的目的就在于，通过将业务程序的标准化，让自己公司的现场智慧实现共享，吸纳外部的智慧，持续提升生产率。

通过推行**看透业务的重要程度、判断是否为自己固有的业务、业务流程的标准化**这三个对策，就能够缩减到只剩下优先度高的业务。

### 3. 提升生产效率

既然已经缩减了投入的时间和业务量，终于该解决如何提升生产效率这一最重要的课题了。

在这里最大的驱动力就是**积极主动性**①。简单讲就是“干劲”或者“认真劲”。

如果是自己喜欢的事物，就毫不犹豫地投身进去；如果投身进去，就会充分开动脑筋，肾上腺素就会被激发出来；肾上腺素被激发出来，生产效率瞬间就会提升 3 倍。日本电产的永守先生将“工作方式改革”视为最重要的杠杆。

应该有很多人体验过跑步愉悦感这一状态吧。如果是长距离赛跑的话，虽然在最初的一段时间会很痛苦，但是从某个地方开始就进入了状态②，就感受不到痛苦了。

---

① 积极主动性（motivation）：积极主动性在很大程度上左右着结果。根据《工作与人性》（东洋经济新报社，1968 年出版），对于工作的满足感与完成、被人认可、工作本身、责任、成长这些“工作内容”密切相关；对于工作的不满与公司的规章制度及经营管理人员的关系以及工资待遇、工作条件、人际关系等“工作环境”密切相关。

② 状态（zone）：将其余的思考和感情都抛开，埋头于某件事情的状态。美国积极心理学家米哈伊·奇克森特米哈伊（Mihaly Csikszentmihalyi）将其称为“幸福流的体验”，但它并非特别新奇的事物，与体育选手常说的“已进入状态”表达的是同一个意思。

我把游 2 千米作为每天都要坚持的功课。最初的 1 千米虽然会感到很痛苦，但是过了那个阶段之后，就会陷入自己能够用鳃呼吸那种错觉之中，感到自己好像即使游几千米都不在话下了。说到底，此时已经进入了“游泳愉悦感”状态了。

同样，“工作愉悦感”这一现象在工作中也能经常感受到。对于进入“状态”的人来说，工作就是快感本身。在那种状态下，工作状态就会达到手都停不下来的程度，生产效率也会随之提升。当然，那种状态如果持续下去的话，难免因劳累过度而死。正因为如此，作为最初条件的投入时间的管理就成为关键。

如果是拥有部下的人，调动部下的积极主动性也非常重要。要对部下多多表扬，要对部下抱有期望。“你本来还有更大的能力”“要让人看到你的潜力被充分发挥出来的状态”，说的就是这种情况。

但是，最好**要让其本人对为什么要干那项工作做到心中有底**。这时，下面的两个 P 就成为关键。

**首先要点燃其“志向、目的（purpose）”。这样，本来是“让别人做的工作”就变成“自己的事情”，让其从内心里涌出“迈出一大步”（pivot）的勇气来。**

那样一来，工作就变成了生活的一部分，所以，所谓的工作生活两不误这一课题本身就不存在了。**并非是“工作方式”改革，“工作价值”改革**才是本来应该达到的目的。

经常听到千禧一代对工作难以看得开。的确，牺牲自己的生活，把热情投入工作中的年轻人也许很稀少。但是，千禧一代对于社会性和共鸣性的敏感度要远远超过此前的世代。如果能够点燃那种敏感性，认识到“工作价值”的年轻人理应也不少。

## 向Recruit学习提升积极主动性的做法

让员工意识到自己想做的事情，并将提升员工积极主动性的做法向前推进的典型企业就是 Recruit。其推行的做法就是图 14-3 所示的“will（想）、can（能）、must（必须）三联单”。

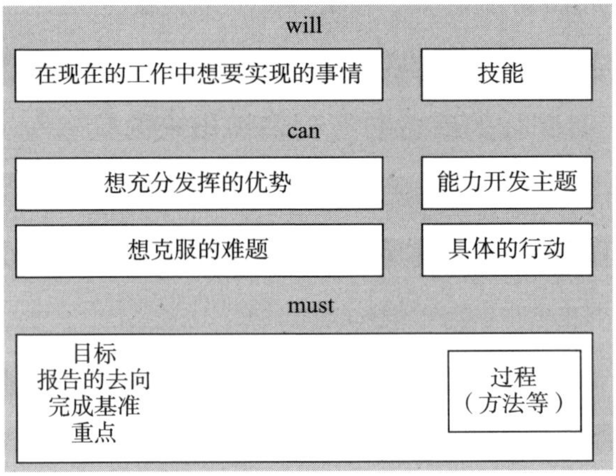


出处：Recruit Jobs官网。

图 14-3　Recruit 的 will、can、must 三联单

will 表示“自己想做这个”的志向。也就是**通过在 Recruit 工作想要实现的梦想和目标**。另一方面，无论志向多高远，什么也不做、什么也不会做的家伙，公司也不会聘用。因此，“我能做这个”的个人**能力和优点**被称为 can。

但是，仅靠 can 只能实现自己能做的狭隘范围的 will。要想实现 will，**最初即使不想做，也必须要有掌握得很好的业务和技能**。这就是 must。

把这个 **will、can、must 的三联单端端正正地做出来**，是 Recruit 的管理者非常看重的要点。在“一对一”（One-On-One）的议程中，领导和其部下的每个人非常认真地面对面完成了这个议程。

例如，某位领导有 100 名部下，那就需要花费很大的精力完成这件事。即便如此，这份努力与部下本人的业绩表现和成长，以及与自身的业绩表现和成长都有着直接关联，因此，大家都非常认真地开展这项工作。

**为了什么才建起了这家公司呢？自己想要如何改变世界呢？**对于这样的事情，领导怎样将其作为自己的志向坚持下去呢？又怎样才能让组织成员将这一志向当作自己的事情来共同完成呢？

**为了实现飞速发展的凝聚力，要从领导拥有宏伟志向及让全体员工共同拥有这一志向的事情中产生。**

## 打开隔扇看看吧，外面的天地很广阔

“打开隔扇看看吧，外面的天地很广阔！”①

① 打开隔扇看看吧，外面的天地很广阔：丰田公司的创业者丰田佐吉在事业取得成功之后，在中国的上海投资设厂，并举家搬迁到那里时说过的话。

这是丰田公司的创业者丰田佐吉老先生说过的话。丰田的祖业源自发明自动织布机。从这句话中可以领会出，从织物这一日本曾经的家传绝技，到把汽车变成家传绝技的非连续性成长企业的起源。

如果拥有超强的学习能力，来到新的领域，即使最初的基础为零，也很快就会成为专家。如果仍然坚持干织机这一行，很快就会迎来成长的极限，不如“把那些劳力转向更加不同的地方”。

虽然此前根本没有干过汽车这一行，如果敢于用我们的热忱和能力去碰一下，即使是汽车，说不定也能造出来。不要只停留在一个地方，要经常注视新的世界。佐吉老先生如是说。

佐吉老先生的这句话也适用于我们每一个人。为什么要把自己蜷缩起来呢？自己只能做这个，这样否定自己是为什么呢？

人们在还是孩子的时候，对各种各样的事物都充满了好奇心，有着各种各样的潜力。也许会成为专业的运动健将，也许会成为荣获诺贝尔奖的科学家，或者成为其他什么，虽然无法准确预知，却拥有干出惊人事业的可能性。但是，随着时间的推移，为什么那种可能性越来越有限了呢？

重复性的应试学习和同质经验的积累，导致潜力的范围变得越来越有限了。如果在还是孩童时期，面对接触新事物、积累新经验的喜悦及失败的悔恨，理应会从那个地方再一次出发。

“打开隔扇看看吧，外面的天地很广阔！”

佐吉老先生的这句话，是对成为狭隘领域的专家、拒绝接受新事物的人们发出的“请再一次拿出在零起点向新事物发起挑战的勇气”的强烈信息。

非连续性变化的时代，外面的世界充满各种可能性。制约了这些可能性的就是自己。如果把佐吉老先生的话变换一下说法，就可以变成如下这样的意思了——“踏出一步看看吧，新的风景敞开了”。

## 本章总结

- 洞察力、共鸣力、人格力是提升自身资质的重要能力。
- 预先制订了计划，一般结果不会出现有趣的事情。如果真的想做出新的事情，必须具备偶然发现新奇事物的本领（不期而遇和偶然性）。
- 个人的技能因充分挖掘出潜力而得到提升。通过“投入时间的限定”、“投入工作的缩减”和“生产效率的提升”，就能够突破个人的成长极限。
- 重复及同质的经验使潜力的广度变得狭窄。拿出再一次在零起点向新事物发起挑战的勇气，就能看到新的风景。

第 15 章

# 献给想解决社会课题的你

在第三部分，介绍了咨询及超越咨询的视角及思考方法，特别将聚光灯对准了个人技能的提升。那么，本书解决问题的技能到底用来做什么？到底应该用在哪里？应该用在什么工作上呢？

## 开始意识到社会课题的千禧一代

雷曼危机以后，具有重大变化的是，想要解决社会课题的千禧一代增加了。即使在所谓的精英人群中，社会性强的事业越来越受到欢迎。拥有解决课题能力的人都想将其能力活用在解决社会课题上，这一倾向确实越来越明显。

迈克尔·波特对这一倾向发出了“智力流失”的感叹。他说，哈佛成绩排在前 5% 的优秀毕业生过去都到高盛或麦肯锡就职，但如今都去了 NPO。到大企业工作或赚钱都不够酷。如何才能为地球及社区做出贡献，为未来的一代留下点什么，已成为他们最关心的事情。

在麦肯锡的毕业生中也可看出同样的倾向。即使在日本的麦肯锡，如前所述，像气仙沼编织的总裁、亲自致力于东北振兴事业的御手洗瑞子女士、Oisix ra 大地公司的高岛宏平总裁等，都是如此。充分发挥在麦肯锡积累的经验，创立社会性强的事业的人在不断增加。

实际上，麦肯锡的手法在解决社会课题方面也起到了非常重要的作用。

例如，在第 14 章介绍的影响力、创新力、执行力这 3 个 I 也非常适用于解决社会课题。从正面掌握重大的社会课题，采用具有创新性的办法解决此前无法解决的问题，并将其真正落实。如果通过这种方式发挥才智，就能够将动辄陷入拜金主义的咨询方法活用在解决社会面对的重大课题上。

那么，所谓社会课题具体指哪些呢？可以说这些课题已经堆积如山了，比如粮食问题、贫困问题、医疗问题。所有这些既然已经成了“问题”，就要求拥有解决它们的能力。

作为解决社会课题的资金来源，此前都是用税款充当了。政府机构通过税收集中财富，以社会基础设施及赞助金等形式对财富进行再分配。但是，随着社会课题变得越来越重大，以往的分配政策已经难以满足巨大的资金需求了。

当然，此前也存在这种为解决问题而成立的 NPO，但是，其中的大多数创造财富的能力弱小，结果很多情况下都是仅把分配给它们的资金用光之后就解散了，远远没有达到创造出持续回笼财富的建构的程度。

在这一情况下，人们对学到了麦肯锡的方法、想将其很好地用来解决社会课题的创业者们抱有很大的期望。

## 营销3.0：从顾客课题转向社会课题

在营销领域，对社会课题的关心程度也在不断提升。菲利普·科特勒（Philip Kotler）教授提出了“营销 3.0”这一新的营销范例，也就是**“企业应该解决的问题并非顾客课题而是社会课题”**的思考方法。

这是随着社会媒体日益进步、社会性课题不断加重、市场越发成熟而兴起的。

第二次世界大战结束以后，让人们了解自己公司产品的存在和功能成为营销的使命（营销 1.0）；到了 20 世纪 70 年代以后，诱发和满足消费者的需求成为开展营销的目的（营销 2.0）；随着环境破坏及收入差距拉大等社会问题的深刻化，必须将营销对象由单纯的顾客课题转向更为重大的社会课题，这就是营销 3.0。

顾客在某种意义上是极其利己主义、以自我为中心的。20 世纪的营销，将着眼点放在不断刺激顾客的这种欲望上。但是，如果完全按照他 / 她们的欲望进展下去的话，社会和地球都将走向毁灭。

在这一背景下，“大家都想创造能够共存的环境和能够共鸣的社区”这一意识，在先进的顾客和千禧一代之间迅速高涨。社会媒体成了将这一想法传播开来的再好不过的工具，致力于解决社会课题的企业姿态促使顾客产生了共鸣。受到这一新潮流的影响，营销 3.0 开始登上历史舞台。这正是符合 21 世纪发展趋势的思考方法。

## CSV这一选择

在经营理论中，21 世纪型的新模型也登场了。那就是迈克尔・波特教授提出的 CSV。关于 CSV，在第一部分和第二部分都已经介绍过，我想大家都还记得吧。简单复习一下，那就是，**通过解决社会课题，努力提升社会价值，同时也提升经济价值，也就是提升自己公司的企业价值。**

社会课题堆积如山，如果将其作为课题被搁置下来，解决对策不会自动出现。当然，有用税款来应对（公共事业）或者用善心来应对（NPO）这些选项的，但那些都不是可持续的解决对策。

要想实现 CSV，必须构建持续产生收益的事业模型。迈克尔・波特教授及 CSV 先进企业雀巢公司都认为，正是事业的创新才是持续产生收益的关键所在。

在其中发挥作用的，是把握现有的价值链及资金流的分析能力，以及设计新的价值链和资金流的建构能力。如果是让左脑和右脑很好地得到均衡训练的具有良好素质的咨询顾问，就会兼有这两种能力。

在我通过自己主办的 CSV 论坛等致力于 CSV 时，**怎样才能把社会课题转换为赚钱的建构**，成为最大的挑战。就像在第二部分已经阐述的那样，**如何让空间轴和时间轴位移**，成为考验智慧之处。

通过企业和NPO，以及地域、学校间的合作，开展CSV实践的行动也在推广之中。我自己仅在半年间，就通过参与Co-creAtion这家企业和NPO的共创项目、地方创生打造城镇的论坛“町店”[①]、文部科学省主办的“推进青少年体验活动的企业表扬大会”等，提出了要构建日本型CSV（J-CSV），还在以创建农业版MBA为目标的日本农业经营大学，开展了“在农业经营中创造社会价值”的讲座。无论在上述哪个场合，我都切身感受到了来自听讲者和参与者对CSV的强烈关心和热情。

日本已经被国际社会看成了“社会课题先进国家”。如果真是那样的话，日本也应该以成为“解决社会课题先进国家”为目标。那时，CSV理应会作为解决问题的切入口发挥重大作用。我期望今后将是出自日本的CSV旗手的活跃时代。

## 成为社会系统建构者之路

关于继大前研一先生之后担任麦肯锡东京分社总裁的横山祯德先生，在第13章已经稍有介绍。他本来是出身于东京大学和哈佛大学的建筑学专业的建筑家。即使在成为咨询顾问之后，他

① 町店：企业、大学、地方政府等携手创立的论坛，为城镇发展和地方振兴持续付诸行动的平台。町店执行委员会主办的论坛由内阁府、复兴厅、总务省、文部科学省、厚生劳动省、农林水产省、经济产业省、国土交通省、环境省、全国知事会、全国市长会、全国町村会协办，知名企业也可成为赞助商。

也以超越个别的顾客问题、变革整个社会的建构为目标。并且，即使现在成为东京大学主管管理课程[①]（EMP）的策划•推进负责人后，他仍在建言“社会系统”的变革。

横山先生把自己称为**社会系统建构者**。他认为，解决问题的本质性方法并非单纯地解决个别的顾客问题，而在于重新建构社会系统的整体。他说：“在解决问题时，不要被过去的建构束缚，应该做一个构建新建构的人。”这里就已经包含了“建构者”这一词汇的想法。

社会系统错综复杂，要想解决社会课题，必须开展让所有错综复杂的关系转向良性循环那样新的设计。像亚马逊那样仅仅把着力点放在满足顾客的经营现象，不可能作为解决全部社会课题的建构持续存在下去，因为那是在牺牲供应商及物流运营商利益的基础上成立的。

要想构建让整个社会良性运转的建构，必须很好地解决复杂系统。不要陷入让哪个问题优先解决的二元论，而要考虑提升整体水平的建构。这是社会系统建构者应起的作用。

最近，作为波士顿咨询公司出身的社会思想家安德鲁•温斯顿（Andrew Winston）先生的活动开始受到人们关注。他在最新出版的《大转变》（*The big povot*）一书中，提出了为了解决环境问题、资源问题、企业责任这三大社会课题的综合性做法。

我在这本书的日文版的序言中，展示了why（为什么要改变）、what（要改变什么）、how（如何改变）这一逻辑。也可以

---

① 东京大学主管管理课程（Executive Management Program）：东京大学充分利用其所积累的智慧，设置的培养拥有开拓未来能力的人才的课程。

说，这是将作为咨询顾问的方法用于社会系统重构的很好例子。

不仅是这样的社会思想家，自己创立解决社会课题事业的年轻创业家也有很多，即使从日本的麦肯锡走出来的人，也有以 Oisix ro 的高岛宏平先生及气仙沼编织的御手洗瑞子女士为首的众多社会创业家，已经开始筑巢引凤。对此前文已有介绍。

**要解决的不是个别课题，而是整个社会的课题。拥有高超解决问题技能的人才，正在从企业咨询领域开始转向变革社会系统的立场上。**这样的智力地壳变动理应成为解决社会课题的巨大力量，大家都对上述企业今后的活跃抱有巨大期望。

## 面向可持续社会的实现

大家都听说过蕾切尔·卡逊（Rachel Carson，1907—1964）撰写的《寂静的春天》（*Silent spring*）这本书吧。它于 1962 年出版，是一本将农药等化学物质的危险性通过“听不到小鸟歌声的春天”这一事件倾诉出来的作品，已成了世界性的畅销书。作为高中生物学的课外书，当时给我留下了令人震惊的记忆。

为地球环境问题的严重性敲响警钟的是 1972 年出版的《增长的极限——罗马俱乐部“人类危机”报告》。这本书使用系统动态方法做出了“如果人口增加和环境污染按照现在的趋势持续下去，100 年以内地球上的增长将达到极限”的预测。这一预测让全世界大为震惊。

在日本，从 1974 年起，有吉佐和子女士就在《朝日新闻》上进行了《复核污染》的连载，东京也曾有过光化学污染被作为危害非常大的社会问题而备受瞩目的时期。

从那以后快要过去 50 年了。在这期间，这一问题时而成为话题时而消失，一直重复着。最近，与“增长的极限”这个词相比，“**可持续**”这个词被人们广泛使用。所谓可持续，就是指在顾及此前被认为是免费的环境和社会成本的同时，创造价值循环经济的构想。

2015 年 9 月，在联合国峰会所采纳的《可持续发展 2030 议程》中，设定了到 2030 年之前实现的 17 个目标，也就是“SDGs”（Sustainable Development Goals，可持续发展目标）。日本政府也在朝着这些目标积极地举国努力着。

单纯地追求物欲和利润的经济增长早晚将迎来极限，这是再清楚不过的。轻视环境成本和社会成本的话，其后果早晚要让未来的世代承担。

过去欧洲的一些国家通过零工资使用殖民地奴隶实现了发展。现在虽然已经不再有奴隶了，但是通过落后国家的儿童每天工作 20 个小时才得以维持运行的企业依然不少。

比如，1997 年被发现的耐克“奴隶工厂”事件。在耐克外包的东南亚工厂，发现了在恶劣环境中长时间工作的童工。耐克因为这一事件，在社会责任性方面受到了美国 NGO 等的严厉批判，并引发了世界范围抵制耐克产品的运动，致使耐克在经济方面遭受到沉重打击。

在最近的 2015 年，英国制定了《现代奴隶法》，它要求企业必须提交根绝供应链上的奴隶制做法的报告。在 2017 年，根据这部法律做出整改的日本企业虽然仅有 17 家，但至少说明，对于没有在英国开展事业的日本企业来说，这也已经不再是与己无关的事情了。

面对即将于 2020 年举办的东京奥运会 / 残奥会，与日本企业有关联的奴隶劳动将会更加引发人们的关注。在那些认为自己公司不可能存在奴隶劳动现象、对此不以为意的大多数企业中，对新兴国家的二次、三次转包进行彻底管理的企业仅仅是一小撮而已。

这不只是人权问题。关于此前作为“外部成本”被人们忽视的环境和资源、社区的生态系统等，将其作为内部成本纳入进来的新建构早晚会建立起来。例如，与环境成本和社会成本相应的新会计制度及资产负债平衡表很快就会实行。

解决社会课题成为企业活动的评估基准之一，代替 GDP 成为衡量国家经济实力指标的一部分，这非常值得期待，虽然也许还要等上一段时间。

不过，能挽救当下局面的是，消费者们有了这样的意识，他们会抵制有奴隶劳动存在的企业的产品。前面提到的耐克，就是受到了强烈洗礼的一个例子。目前，社交网络成了媒介，像那样的抵制运动会在一瞬间传遍全世界。企业为了自身的可持续性发展，也不得不进行自制。

**如果只追求营利，不仅会导致社会价值遭到破坏，还会导致自己公司的企业价值遭到毁弃**，对此，有良知的企业领导人都很清楚。雀巢及联合利华就是处于领先地位的企业，在日本也有味之素、花王、迅销及三菱化成等处于领先地位的企业，它们已经将解决社会课题作为提升经济价值的驱动力。像上述企业这样积极开展 CSV 的企业，将会不断涌现。

要实现社会可持续发展，需汇集人们的智慧。如今正需要大量拥有这一志向的解决社会课题型的人才。

## 本章总结

- 对于粮食问题、贫困问题、医疗问题等社会课题，解决问题的咨询方法成为有效解决这些问题的手段。
- 对社会课题的关心在营销领域也不断增强。企业应该解决的问题正在从顾客课题转向社会课题。
- 对于社会课题，依靠公共事业及 NPO 难以确保收益继续产生。要想做到持续解决，实现 CSV 不可或缺。
- 面向可持续社会的实现，需要汇集人类智慧，并且需要大量拥有这一志向的解决社会课题型的人才。

# 结束语

Concluding remarks

本书塞满了我在咨询领域长期活动中总结出来的解决问题的诀窍。读完本书后，大家也都掌握了咨询顾问所拥有的解决问题的方法，同时也对今后应有的咨询态度有了大致的把握。

最后，在对此前的话题进行概括的同时，为担负未来的读者送上我的心里话。

## 麦肯锡 VS 波士顿

有个象征麦肯锡和波士顿两者所起作用的区别的短句：

**“如果是五年做一次的非连续咨询就找麦肯锡，如果想将咨询落实为组织能力就找波士顿。”**

这是某家企业老板概括的对两家咨询公司的不同利用方法。如果用更容易听懂的话来说，就是“如果你想直达问题的本质，就找麦肯锡，如果你只想找到解决问题的方法，就找波士顿”。

作为事业模式来说，找麦肯锡咨询不划算这是不用说也都明白的事情。五年做一次咨询，一次给出的咨询建议只能使用三个月，在这期间的四年中一直都用波士顿。这样看来，麦肯锡未免也太吃亏了。

但是，这件事情也表明，麦肯锡所起到的是对 MTP 进行塑形（Shape Up）的作用。这在第二部分谈到过。

特别是在大前先生担任麦肯锡东京分公司总裁的时候，以一句“你这样下去能行吗？你理应还能做这样的事情”，使客户大为震动。对看到遥远未来的人或者对只能看到眼前的人来说，他能够为他们提供一个极其重要的视野。麦肯锡能起到这样的作用。

对看到远处的视点和看到近处的视点起到象征作用的就是“凸透镜和凹透镜”（参见图 1），将时间轴和计划的厚度用该图来表示。

一般的公司都是让人想起腹部突出的中年人的“凸透镜”型，也就是以中期计划为主轴的经营。这些公司好像都患上了短期计划制订得很草率、长期计划制订得更草率的“中期计划症候群”。

近年来，让人觉得不可思议的东芝正处于这种状况。本来计划在看得见未来的时代还有效，但是在非连续性时代就不再灵验了。即使是推行三年前考虑好的事情，也已经与时代相差了很多。那么，如果有人问该怎么办呢？答案是“在变动中前进”，每年都要对计划进行修改。结果，虽然中期计划没能完成，但那也是因为环境变化所导致的。

在这方面做得好的公司都是“凹透镜”型的。制订每周、每月的超短期计划和例如“2050 年展望”那样的超长期计划。对企业来说，重要的视点是这个**短期和长期的视点**。像大前先生那种能看见未来的眼光是非常重要的。但是，与此同时，制定 KPI 把短期计划很好地完成也是非常重要的。

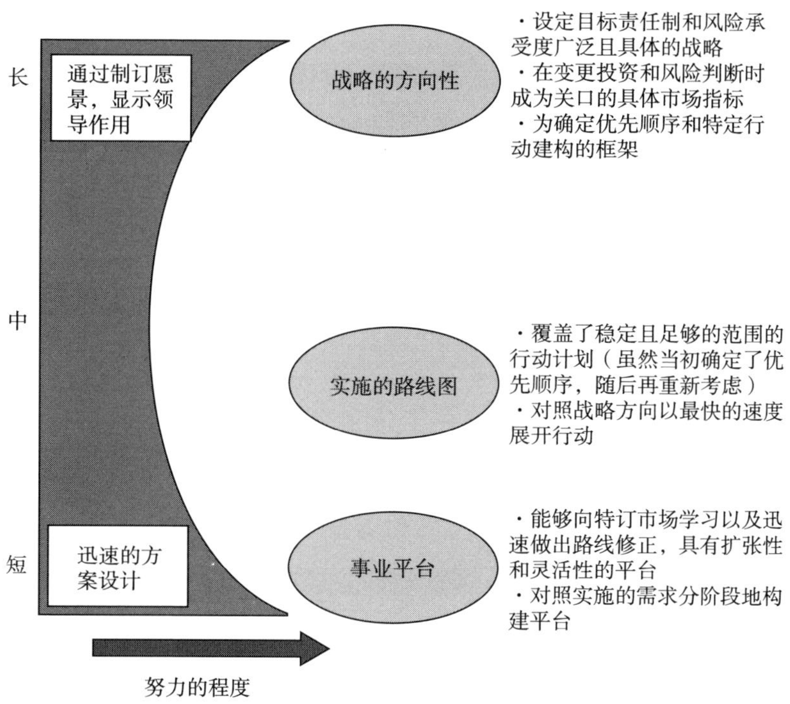


**图 1　远近两用的做法**

麦肯锡和波士顿这两家咨询公司的利用方法好像也与这个时间轴的不同有很大关系。是不是也可以说，**看长期的时候要找麦肯锡，在短期实践的时候要找波士顿**？

不管怎么说，在活用咨询之际，要注意留心的是，**咨询有迅**

**速见效的特性，但也蕴含着危险性。**

实际上，不顾自己公司的实力，与咨询顾问一起即使是预见十年后的大世界，那也只不过是画饼充饥而已。而且，包括战略实践在内都紧紧地和咨询公司黏在一起的话，那就形成了难以摆脱依赖咨询公司的体质，其结果就是不断支付几亿日元的咨询费，成了离不开兴奋剂的企业。

如果把咨询定位在“新兵训练营”上的话，对企业来说也许会成为很好的变革契机。通过锻炼此前尚未使用的大脑的肌肉和组织的实力，有可能为下一代的成长增加体力。

## 向马斯洛的第六层次进发——为社会做出点什么

要想着手新的事情，从零出发是很重要的。这不仅适用于企业，也适用于个人。**把自己再一次放在零起点，处在能够对新事物发起挑战的境地**是非常重要的。

例如，正在世界流行的保持正念活动就是其中之一。像在第二部分已经介绍的冥想和坐禅这些活动，将五感澄净，开始与自然对话；舍弃自我，自然之力在自己的身体里面涌起，从那里也会浮现出未来的状态。虽说这基本上是宗教的世界，但有意思的是，真正拥有偶然间发现新奇事物本领的人，据说都有过相似的体验。

据说米开朗琪罗在雕刻大卫像时，听到从大理石中发出“把我雕刻出来”的低声细语。于是，大卫像就雕刻出来了。据说史蒂夫·乔布斯在冥想的时候，这种精神的“新兵训练营”就开始训练了。

要想通过自己创造未来，该怎么办才好呢？如果被现实束缚住，即使是全身心地投入到工作中，这样的状态也绝对不会出现，也不会意识到真正有意义的人生。在辞别麦肯锡的人中有很多都亲身从事了社会事业，也许就是出于这一理由。如果追求身心训练，并不一定要找咨询公司，我劝大家还是敲开禅寺或者NPO的大门看看。

如果是从个人成长来说的话，马斯洛①的五层次论很有名。但是，那里存在着根本性的局限。从对生存的需求到对安全的需求，最后实现自我，这会过于局限在以自我为中心的世界里。据说马斯洛在自己临死之际加上了“超越自我”的第六层次（参见图2）。到了这一层次才算是到达了“通过自己创造未来”的状况。

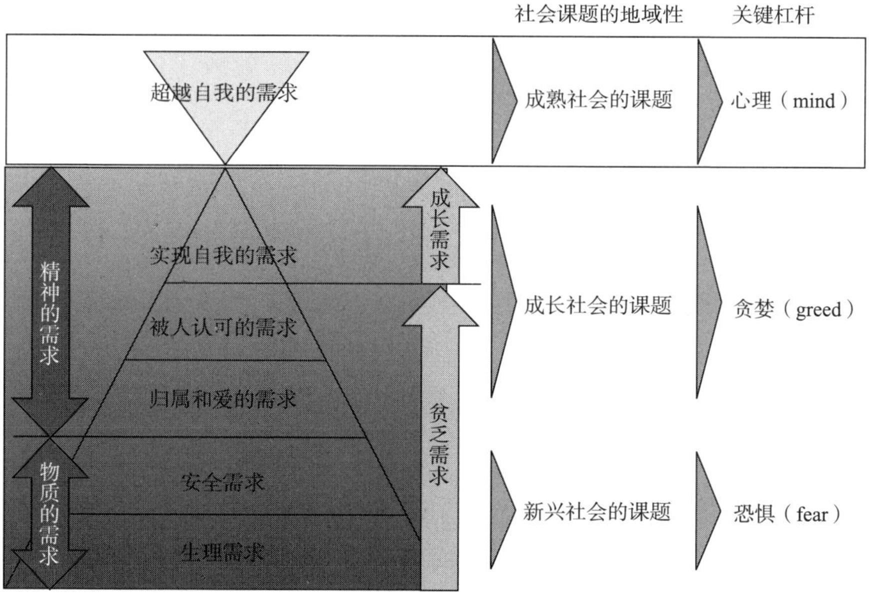


**图2　与马斯洛的需求层次说的关系**

①　马斯洛（Abraham Harold Maslow，1908—1970）：美国的心理学家，以马斯洛需求层次理论闻名于世。他力图为关于人类的学问确立新的方向，被称为“人本主义心理学之父”。

实现自我是自己的器（器官）被充满的状态，将装在各种器官里的东西归无，朝着本来的目的深潜下去，并把在深处获得的本质再一次回到现实中实现。这就是在第二章已经介绍过的U型理论的实践。

我认为，能够获得这种精神性经验的人就是来改造自己、企业和社会的人。

## 不是问题解决者，而是价值创造者

创造出21世纪价值的，不是解决问题的专家，而是能够对什么才是价值做出判断的人，也就是拥有锤炼出JQ的人。

不理解真、善、美的善，只追求真的话，就成了仅剩下IQ的世界。反过来说，只追求美的话，就成了仅剩下EQ的世界，变成了无论什么都可以的状态。真正的价值是什么？如何才能拥有价值的基准？既然已经拘泥于这一视点上，不解决问题是不行的。

为此，应该怎么办才好呢？

依然是将不知被什么束缚住了的自我暂时归无，对自己的使命，以及本质上什么才是必要的这些事情，不断向内心深处持续追问。

**如果每个人都深刻意识到自己本来的使命，那么就会成就一个与此前完全不同的人生，**从而成为改变环境的力量。

为此，不要停留在“磨炼解决问题的技能”状态，必须对“**只有自己才能创造出的真正价值是什么**”这一问题深入思考。

你的志向是什么？

——据说这是明治维新时期精神导师吉田松阴的口头禅。

现在不回答也可以，**重要的是要不断思考**。即使在你认为现在已经有了答案的情况下，仍然要持续思考。不要满足于现状，要经常破坏并重新构建。

实际上，我自己还仍处于漂流状态，大学毕业后经历了10年商社职员的生活、20年的咨询人生，以及10年的教师生涯。虽然不是为了实现琳达·格拉特说的“百年人生”，但自己还想着再向一两个新的可能发起挑战。不过，也许直到最后也没能发现“天职”。

但我认为，未能完成这件事本身也是非常重要的事情。虽然特意拓展了可能性，但是看到有些人很奇怪地摆出成功人士的架子、一副已经完成了大事业的样子，就感到那些人的人生好像被糟蹋了。

我在大学一年级的时候，曾经为父亲名和太郎的著作《松下幸之助评传》抄写书稿。那时，读到了幸之助老先生如下的座右铭：

> 所谓青春是心的年轻，
> 洋溢着信念和希望，充满勇气，每天都有新的活动，
> 青春永远属于那个人。

我也想与作为未来价值创造者的各位读者一起，今后也要不断地思考下去。

已经到了最后，我想坦率地告诉大家，本书是在Discover21

的干场弓子总裁的莫大帮助下才得以出版的。

两年前，我的前一本著作《成长企业的法则——从世界100强看到的21世纪型经营理论》付梓出版，在刚松了一口气的时候，干场总裁催促我："喂，下回把你的工作技巧告诉我们吧。"在这一手"智慧挑逗"前甘拜下风的我，不知不觉就做出了要把咨询的绝技公布于众的决定。

也许是出于责任感，从本书的构思到书稿的完成，干场总裁时时刻刻给予了关照。在此期间，出版社的牧野类先生也一直陪伴着我。我对这两位充满感激，在此表示感谢。

我是带着对各位读者负责的态度来写作本书的。对各位今后的智慧之旅来说，我衷心期盼本书能够多少发挥一点作用。

名和高司